Segelyachten
Von 11 bis 16 Meter

EGMONT M. FRIEDL

SEGELYACHTEN

Von 11 bis 16 Meter

Eine Auswahl der weltbesten Werften und ihrer Yachten

maritim
BUSSESEEWALD

Die Deutsche Bibliothek – CIP-Einheitsaufnahme

Segelyachten von 11 bis 16 Meter : eine Auswahl der weltbesten Werften und ihrer Yachten /
Egmont M. Friedl. –
Herford : Busse Seewald, 2002
(Maritim)

ISBN 3-512-03254-0

Satz: Ellmer GmbH, Bad Salzuflen
Druck: Busse-Druck GmbH, Herford
Buchbinderei: MP Media-Print GmbH, Paderborn
Printed in Germany
ISBN 3-512-03254-0

INHALT

VORWORT

Auf den folgenden Seiten haben 36 der besten Segelyachten der Welt - alphabetisch geordnet - nebeneinander 'angelegt' und laden ein, von innen und außen, vom Kiel bis ins Masttopp untersucht und begutachtet zu werden. Es ist mit Sicherheit eine einmalig exklusive Versammlung! Wie aber wurden sie ausgewählt?, werden Sie jetzt fragen, und ich antworte, dass dieses 'Casting' von mir allein durchgeführt wurde. Nichts anderes hat mich bei meiner Auswahl beeinflusst als meine persönlichen Besuche und Gespräche bei diesen und vielen anderen Werften sowie meine eigene, langjährige Vertrautheit mit zahlreichen Segelyachten. Natürlich können nicht alle Namen und Gesichter, die es vielleicht genauso verdient hätten, hier stehen. In der Tat ließe sich die Liste der Werften leicht verdoppeln, doch jeder, der jetzt seinen eigenen Favoriten vermisst, findet hier dennoch all die Kriterien und Details, die als Maßstab zur Aufnahme in die Spitzenklasse dienen müssen.

Alle hier vorgestellten Yachten verbindet nicht nur vorbildhafte Design- und Bootsbauqualität, sondern auch eine einheitliche Größenvorgabe, wie sie der privaten Traumyacht der meisten Segler entspricht. Vergleichbarkeit und Vielfalt lagen mir bei dieser Zusammenstellung am Herzen, und wenn sich hier sowohl schnelle Racer/Cruiser wie schwere Verdränger eingefunden haben, so wird auch auf die unterschiedlichen Konzepte, Stile und Philosophien dieser Yachten eingegangen. Doch ist dies auch ein technisches Buch, in dem wir unter die Oberfläche, ins Innere von GFK Laminaten und hinter die Werftkulissen schauen wollen, um unser Augenmerk auf die dort verborgenen Qualitätsunterschiede zu richten. Besonders in letzter Zeit wird viel über Bootsbau geschrieben und nicht immer aus unabhängiger Perspektive. Image und Bekanntheitsgrad der Werften variieren zudem auch sehr stark von Land zu Land. Hier jedenfalls müssen wir niemanden aus wirtschaftlichen oder nationalen Gründen begünstigen und da wir uns nur mit den Besten zufrieden geben, werden wir auch nicht so leicht zu beeindrucken sein. In diesem Sinn soll es uns also nicht gleich begeistern, wenn Beschläge aus Edelstahl sind, Bootsbausperrholz mit Marine-Gütesiegel verwendet wird oder Schotte beidseitig einlaminiert wurden usw... All das und mehr setzen wir als selbstverständlich voraus, bevor wir uns nach 'Höherem' umsehen.

Neben all den unstreitbar wichtigen, objektiven Qualitätsunterschieden, wie beispielsweise zwischen einem herkömmlichen, handaufgelegten Polyesterrumpf und einer getemperten Epoxi-Prepreg Konstruktion oder zwischen normalem Wantendraht und den Vorzügen von Rod-rigging - neben all diesen objektiven Unterschieden also, zu denen ich nun auch noch Dinge wie etwa Service und Wiederverkaufswert zählen möchte, gibt es auch noch eine ganz andere Dimension bei der Wertschätzung einer Segelyacht. Ich habe versucht, auch diese nicht leicht fassbaren Qualitäten etwas dingfester zu machen oder zumindest anzudeuten: Eine echte Traumyacht kann es nur sein, wenn man sich selbst unwillkürlich und voll Stolz hinter ihrem Ruder wiedererkennen kann. Ist das nicht der Fall, hilft auch keine Technik oder Vernunft weiter. Eine solche Traumyacht kann und muss unser Herz einfach schneller schlagen lassen, Begeisterung und Assoziationen in uns wecken, egal, ob es Freiheit und Unabhängigkeit, ferne Länder oder das tiefe unergründliche Blau weit draußen auf See sind - oder einfach nur die Faszination, eine perfekt getrimmte Yacht durch die Wellen zu steuern.
Design, Ästhetik und Harmonie spielen hier unter anderem eine wichtige Rolle, aber wir sollten auch nicht vergessen, dass eine Segelyacht eines der am meisten personifizierten Dinge überhaupt ist. Mit einem Namen!, mit einer Taufe!, mit Charakter und vielleicht sogar mit einer Seele? - Ja, bestimmt sogar, solange wir sie nicht zu einem weiteren, bloßen Konsumartikel degradieren, denn das hätte mit Sicherheit keine der nun folgenden Yachten verdient.

In diesem Sinne:
Viel Vergnügen bei der Lektüre, und Mast und Schotbruch auf dem Wasser!

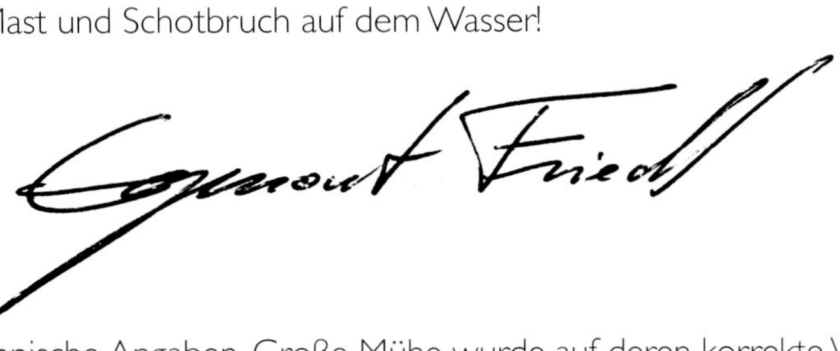

P.S. Dieses Buch enthält zahlreiche technische Angaben. Große Mühe wurde auf deren korrekte Wiedergabe verwendet, doch kann keine Haftung oder Garantie auf Richtigkeit gewährleistet werden.

Alden

Alden 43

Ein Gedanke bei Alden ist, dass man noch in fünfzig, ja in hundert Jahren eine ihrer Segelyachten vor Anker liegen sieht und sagen kann: 'Was für ein wunderschönes Boot!' Ich weiß nicht wie viele der heutigen Yachten diesen Test bestehen würden, und ich rede jetzt nicht nur von der so überlegenen und dauerhaften Bauqualität, sondern auch von einem die Zeit überdauernden Design. Eine Alden ist und bleibt klassisch. Damit meine ich u.a. die Proportionen, die Höhe des Freibords, den Decksprung. Hier sieht man keine Mode, schon gar keinen Trend, vielmehr eine immer gültige Harmonie und Eleganz.

John G. Alden (1884 - 1962) gehört zu Amerikas ganz großen und legendären Yachtdesignern. Ihm ist es vor allem zu verdanken, dass in der Zeit nach dem ersten Weltkrieg das Hochseesegeln zum erstenmal eine kleine, aber für den Yachtsport bedeutende Popularität erreichte. Wollte man die gewohnten Regattabahnen in geschützten Gewässern verlassen und sich weiter hinaus auf See wagen, vielleicht sogar ab 1923 wieder am Bermuda Race teilnehmen oder die Romantik des neu aufkommenden Fahrtensegelns erkunden, so bedurfte es einer seetüchtigen Yacht, und ein Alden Design war erste Wahl. John G. selbst war ein leidenschaftlicher Segler, der durch frühe und oft recht haarsträubende Erlebnisse insbesondere von der Seetüchtigkeit der Fischerei-Schooner überzeugt war. Diese großen Arbeitssegler bewährten sich im harten Einsatz vor den Küsten Neu-Englands und hinauf bis vor Neufundland und zu den nebelverhangenen Grand Banks. Sie waren seetüchtig und schnell, von einfacher, aber robuster Bauweise mit gebauten Spanten und Innenballast. Lange blieben sie auf See und mussten beigedreht jedem Wetter trotzen, denn erst wenn die Last mit Tonnen von Fisch voll war, startete das Wettrennen zurück, bei dem der Erste natürlich die besten Preise am Markt erzielte. Alden, weitestgehend Autodidakt, aber mit einem bemerkenswerten 'Auge' für ein Boot, entwickelte von diesem Vorbild ausgehend seine berühmten Schooner-Yachten; mit zu den bekanntesten Alden Designs zählen die Malabar I bis XIII. In seinem Office in Boston entstand nahezu jedes Jahr eine Weiterentwicklung dieser Serie. Aldens Werk beschränkt sich jedoch nicht nur auf Schooner: Über 900 Designs tragen seinen Namen, viele davon als Sloop, Ketch oder Yawl, und über 4000 Yachten wurden nach seinen Entwürfen gebaut, die meisten von Werften in Maine. Als John O'Boston, wie er unter Seglern genannt wurde, 1955 in den Ruhestand ging, verkaufte er die Rechte an seinem Namen an einen Alden Yachteigner. Heute gibt es zum einen das Alden Design Büro in Boston, geführt von Niels Helleberg; hier entstehen die Entwürfe der heutigen Alden Yachten sowie zahlreiche Custom Projekte. Zum anderen gibt es die Werft Alden Yachts in Portsmouth, Rhode Island, um die es hier gehen soll. Außer dem Anspruch, schnelle und seetüchtige Hochseeyachten zu bauen, findet man jedoch kaum noch Gemeinsamkeiten mit den Zeiten John G. Aldens.

David MacFarlane

Und das ist auch gut so, denn hier in Portsmouth entstehen heute technologisch so hochwertige Yachten, die in Amerika - von Einzelbauten abgesehen - unübertroffen sind. Ich will gleich zum Wesentlichen kommen und dann erst zur Qualität der Details und des ebenso erstklassigen Ausbaus. Das Wesentliche, sozusagen die Grundsubstanz einer Yacht, ist der Bau von Rumpf und Deck. Hier bleiben die entscheidenden Unterschiede dem Betrachter später in einer Marina zumeist verborgen. Was also ist der Kern einer modernen Alden Yacht? Es ist ihr getemperter Epoxirumpf. Doch der Reihe nach - zunächst muss man wissen, dass Werften in den USA ab einer gewissen Menge an Emissionen von Lösungsmitteldämpfen in die Atmosphäre harte Strafen zahlen. Diese begrüßenswerten Umweltschutzgesetze zwingen vor allem die größeren Betriebe, ihre Produktionsmethoden umzustellen. Offene Laminiermethoden wie das Handauflegeverfahren mit bisher üblichen Harzen geraten immer mehr ins wirtschaftliche Abseits. Welche Möglichkeiten gibt es nun? Die meisten Werften entscheiden sich für ein Infusionsverfahren wie zum Beispiel SCRIMP und verwenden weiterhin Polyester- oder Vinylesterharze. Sicherlich steigt durch ausgereifte

Mit Leichtigkeit als Traumyacht qualifiziert zeigt die Alden 45 einmal mehr, dass wahre Eleganz und Schönheit nicht unbedingt eines Teakdecks bedürfen.

Die große 'Despedida', eine Alden 54, lässt kaum noch Wünsche offen. Sie war die erste Yacht der Werft mit einem getemperten Epoxirumpf.

Vakuuminfusion auch die Qualität, vor allem aber sinken die Emissionen deutlich - um ca. 90%. Alden Yachts wiederum geht einen anderen Weg und bietet ihren Kunden die Verwendung von teurerem und höherwertigem, vor allem aber lösungsmittelfreiem Epoxiharz an. Wohlgemerkt nicht als äußere Schutzschicht gegen Osmose, sondern durchweg als Laminierharz. Epoxi ist bereits bei einer Aushärtung unter Raumtemperatur in Festigkeit, Klebekraft und chemischer Beständigkeit allen Polyesterharzen überlegen. Wie bei anderen Harzen auch ist es möglich, diese Werte nochmals durch eine thermische Nachbehandlung, das sogenannte Tempern, zu steigern. Alden Yachts ist eine der ganz wenigen Werften im Serien- bzw Semi-Custom-Bootsbau, die Rümpfe und Decks tempert. Beide werden als Sandwich in einem dreifachen Vakuum-Prozess erstellt, bevor sie in einem eigenen Ofen gebacken werden. Doch lassen wir das David MacFarlane, den Vorsitzenden von Alden Yachts, genauer erklären: „Zuerst kommt das Außenlaminat aus Uni- und Biaxialgelegen in die Form. Im Bugbereich dient Kevlar als Verstärkung. Da wir in einer offenen Form arbeiten, haben wir eine perfekte Kontrolle über Lufteinschlüsse, weil wir sie im Gegensatz zur Infusionstechnik sehen können. Nach sorgfältigem Ausrollen der Gelege härtet das Laminat unter einer Vakuumfolie. Dann folgt der Kern aus Balsa-Hirnholz verschiedener Dichte entsprechend den Belastungszonen. Auch er wird unter Vakuum mit dem Außenlaminat verklebt. Zuletzt wird das Innenlaminat im dritten Vakuumprozess auf den Kern aufgebracht. Als zusätzliche Verstärkung verwenden wir in hochbelasteten Bereichen S-Glass und im Deck Kohlefaser. Im Gegensatz zu Polyester ist bei Epoxi das weitere Verkleben auf ein bereits gehärtetes Laminat, ein sogenannter 'secondary bond', kein Problem." „Manche Werften, die ähnliche Qualitätsansprüche haben, würden doch noch einen Schritt weiter gehen und Prepregs verwenden", werfe ich ein, um zu sehen, wie David reagiert. „Prepregs, ja, was ist der größte Vorteil von Prepregs? Es ist das perfekte Verhältnis von Harz zu Faser in den maschinell vorimprägnierten Gelegen. Doch irgendjemand

Blick über die Galley einer der schönsten und leider auch teuersten Yachten: Alden 54.

Navigieren und Ausruhen an Bord der 'Despedida'.

Der Salon einer
Alden 43/45.

Die Nav-Ecke mit rotem
Nachtlicht an Bord einer
Alden 43/45.

muss das Harz ja eingebracht haben. Nun, wir verwenden Prepregs, aber wir stellen sie selbst her! Es ist im Prinzip der gleiche Prozess, die Fasergelege werden über Rollen durch ein Bad von Epoxiharz geleitet und dann in einem weiteren Rollensystem mit exakt eingestelltem Anpressdruck von allem überschüssigen Harz befreit. Wir haben selbst eine solche Imprägniermaschine und haben neben dem optimierten Harz-Faser-Verhältnis somit auch einen viel saubereren Arbeitsablauf." (Hier möchte ich einfügen, dass die geschilderte Methode der 'nassen Prepregs' zwar dem normalen Handauflegeverfahren überlegen ist, aber nicht an die erzielbaren Werte mit industriellen Prepregs heranreichen kann.) David weiter: „Neben der Form werden die bereits zugeschnittenen Gelege imprägniert und dann, ohne einen Tropfen auf den Boden zu verlieren, in die Form gelegt." David überlegt und sagt schließlich: „Du hast Recht, wir erwähnen all diese Vorzüge wirklich viel zu wenig." Aber der Chef von Alden ist selbst auch etwas reserviert, wenn es ins Detail geht. Ganz anders als bei Baltic Yachts, mit deren Bauweise man Alden vergleichen müsste, antwortet er nur mit „No comment" auf meine Frage, bei wie viel Grad denn nun anschließend getempert werde. „O.k." sage ich, „aber wie viel an Festigkeit in Prozent kann denn dazugewonnen werden?" David lächelt: „No comment, aber es ist eine ganze Menge, und auch die chemische Widerstandsfähigkeit steigt. Es ist sogar so, dass ein sagen wir bei 80°C gehärtetes Laminat - nur als Beispiel - später erst auf über 80°C erhitzt werden muss, bevor es überhaupt zu einer chemischen Veränderung kommen kann. Osmose ist sowieso völlig ausgeschlossen. Wenn wir einen Rumpf oder ein Deck tempern, so ist das ein Prozess von ca. 30 Stunden. Der läuft nach einem genauen 'Back-Plan' mit exakt definierten Temperaturen für jeden Zeitpunkt ab und muss ununterbrochen über zahlreiche Sensoren überwacht werden. Es ist die gleiche Technik wie beim Bau einer America's Cup Yacht, nur dass wir keine Leicht-Displacement Yachten am äußersten Limit bauen. Sicher haben wir auch Gewicht eingespart, aber wir erzielen durch diese Technik vor allem so viel mehr an Stärke, an Steifigkeit und an Langlebigkeit für unsere Yachten - wirklich kein Vergleich zu einem nicht getemperten Polyesterrumpf."

Dieser Rumpf kommt in den 'Ofen' im Hintergrund zum Tempern. Die Versteifungen in der Bodensektion sowie die starken Stringer sind vorbildlich und reichen über die gesamte Rumpflänge.

Das Design der Alden Yachten, der 43/45, der 48/50 und der 52/54, je nachdem, ob mit negativem oder positivem Spiegel, hält sich nicht an kurzlebige Trends oder momentan gültige Vermessungsregeln, und es erfordert auch keinen kompromisslosen Leichtbau. Alle Modelle sind mit ihrem modernen Unterwasserschiff mit

Die erste Alden mit einem Epoxi-Rumpf wird von ihrer Form befreit.

Schubladen mit handgesägter Schwalbenschwanz-Zinkung im staubisolierten Lackierraum.

Finnkiel, Ballastbombe und Spatenruder und dem heute zumeist spezifizierten Kohlefaserrigg sehr schnelle Hochseeyachten, doch haben sie auch einen soliden Innenausbau mit viel Massivholz. Es ist nicht ihre Absicht, mit einer leergeräumten Regattayacht zu konkurrieren, vielmehr knüpfen sie an eine Epoche der Yachtgeschichte an, als Regattayachten noch komfortabel und luxuriös unter Deck waren. Davids Vater segelte bereits als Profi auf der berühmten *'Ticonderoga"* und als Kapitän auf Roosevelts *'Mistress'*. Man kann sagen, dass David in seinen Yachten Ansprüche von damals auch den Gentlemen-Seglern von heute bietet, denn unter Deck herrscht purer Luxus in feinster Vollendung, ganz nach den persönlichen Wünschen des Eigners.

So wird bei Teakholz nur FEQ verwendet. Das ist ein amerikanischer Standard und bedeutet bezeichnenderweise 'First European Quality'. Es ist die feinste Auslese bei Teak und hat eine absolut gerade und zarte Maserung. Jede stärkere Zeichnung ist bei diesem Holz streng genommen bereits ein Schaden, auch wenn so mancher Bootsbauer dann erst von 'Charakter' sprechen mag. Die wenigsten Werften bestehen auf solchem Standard, doch David fügt noch hinzu: „Manchmal haben wir etwas Ärger mit unseren Lieferanten, wenn wir bei FEQ-Teak die Hälfte nochmal aussortieren und zurückgehen lassen." Die Bodenbretter sind selbstverständlich aus massivem Teakholz mit zwischengesetzten Ahornstreifen und ruhen auf massiven Mahagoni-Trägern. Schubladen sind tatsächlich mit handgesägter Schwalbenschwanz-Zinkung gefertigt. Das unbehandelte aromatische Zedernholz an der Innenseite der Kleiderschapps kann noch nach Jahren durch leichtes Anschleifen 'aktiviert' werden und verströmt so seinen natürlichen Duft anstelle des üblichen Bootsmuffs. In einer Galley ist zu sehen, wie gerade Arbeitsflächen aus Granit angepasst werden. Er ist aus Gewichtsgründen dünn und auf Honeycomb-Waben verlegt. Den Wünschen des Eigners sind natürlich kaum Grenzen gesetzt, es kommt aber auch vor, dass ein einfacheres Interieur mit weißen Paneelen im Herreshoff-Stil gewünscht wird - ebenfalls eine klassische Alternative. Alle Installationen sind mit vorbildlicher Sorgfalt ausgeführt, sie sind gut zugänglich, bleiben aber doch Auge und Ohr vornehm verborgen.

Eine weitere Spezialität der Werft ist das problemlose Wechseln der Kiele. Wer eine gebrauchte Alden mit Flachwasserkiel kauft, aber einen Finnkiel bevorzugt, lässt den Kiel einfach umgießen. Mancher Eigner mag seine Kiele auch öfter austauschen lassen - je nachdem, ob es ihn in der nächsten Saison in die Chesapeake Bay oder nach Bermuda verschlägt. Das Besondere ist jedenfalls, dass der Kiel einer Alden von außen zu wechseln ist, da die Kielbolzen fest im Rumpf verankert sind, während man von den Seiten des Kiels durch verschließbare Öffnungen an die unten liegenden Muttern der Kielbolzen kommt.

Alden baut Segelyachten von 43 bis 76 Fuß Länge. Bei allen Modellen hat man die Wahl zwischen einem negativen oder einem positiven Spiegel; ich würde auf jeden Fall letzteren vorziehen, da die Decksfläche achterlich des Cockpit immer sehr elegant wirkt und auch praktische Vorteile hat. Weitere Optionen sind Kielschwertausführung, Mittelcockpit, Decksalon, Sloop-, Kutter- oder Yawlrigg. Die Werft beschäftigt etwas über 60 Mitarbeiter und liefert je nach Größe fünf bis sieben Yachten pro Jahr aus. Seit 1993 baut Alden auch Motoryachten, und bei meinem letzten Besuch dominierte Motor deutlich über Segel. Doch liegen Aufträge für alle Modelle vor, versichert David. „Weißt du", fügt er hinzu, „eigentlich sind es unsere Mitarbeiter, sie sind der wirklich stärkste Punkt und auch das größte Geheimnis unserer Qualität. Ich bin sehr stolz auf sie, denn um die bestmöglichen Yachten zu bauen, braucht man vor allem zwei Dinge: viel Zeit und wirklich gute Leute."

Vorschiff einer Alden 45. Natürlich versteht es die Werft auch, auf Wunsch eines der schönsten Teakdecks zu verlegen.

Alden 48

Technische Details

Alden Yachts
1909 Alden Landing
Portsmouth, Rhode Island
USA
www.aldenyachts.com

ALDEN 43/45

Design: John G. Alden Naval Architects, Boston

Konstruktion:	Iso-Polyester, Vinylester Schutzschicht, E-und S-Glas, Balsa-Sandwich, Vakuumlaminat
Auf Wunsch:	Epoxi, E-und S-Glas, Kevlar, Kohlefaser-verstärkt, Balsa-Sandwich, Vakuumlaminat, getempert

LOA:	13,16 m / 13,67 m
LWL:	10,52 m
Breite:	3,81 m
Tiefgang Finnkiel:	2,26 m
Verdrängung (Iso-Polyester):	10,43 t
Ballast:	4,54 t
Segelfläche:	85 m²
Motor:	46 KW Westerbeke
Diesel:	189 Liter
Wasser:	379 Liter
Verdr./LWL:	250
Segelfläche/Verdr.:	18,1
Ballastverhältnis:	43,5 %
Preis: je nach Ausführung	ca. 680.000 $ US

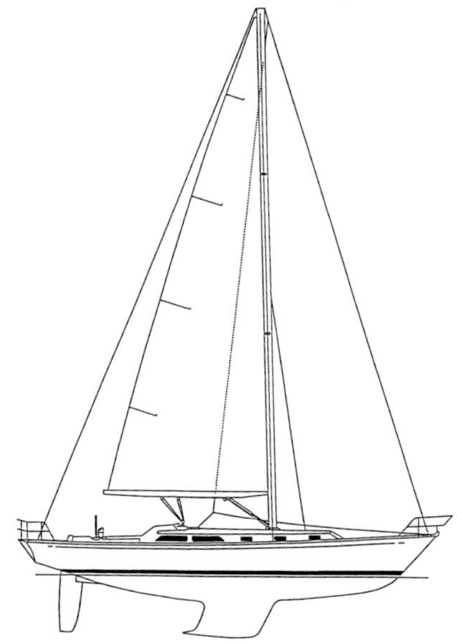
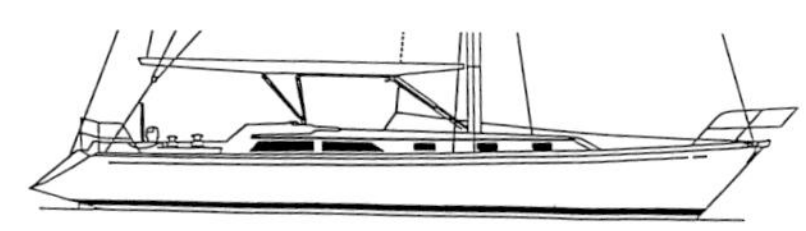
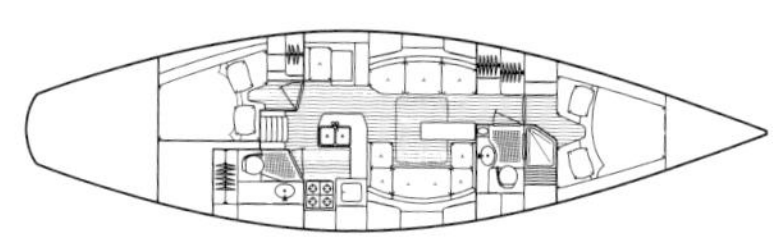

ALDEN 48/50

Design: John G. Alden Naval Architects, Boston

Konstruktion: siehe Alden 43/45

LOA:		14,86 m / 15,34 m
LWL:		11,30 m
Breite:		4,11 m
Tiefgang	Finnkiel:	2,29 m
	Schwert:	1,63 / 3,07 m
	Flachwasserkiel:	1,68 m
Verdrängung (Iso-Polyester):		14,51 t
Ballast:		5,90 t
Segelfläche:		94,9 m²
Motor:		46 KW Westerbeke
Diesel:		473 Liter
Wasser:		643 Liter
Verdr./LWL:		280
Segelfläche/Verdr.:		16,2
Ballastverhältnis:		40,7 %
Preis: je nach Ausführung		ca. 960.000 $ US

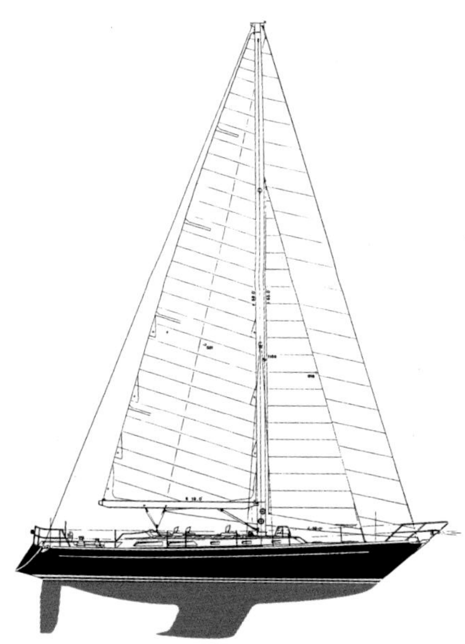
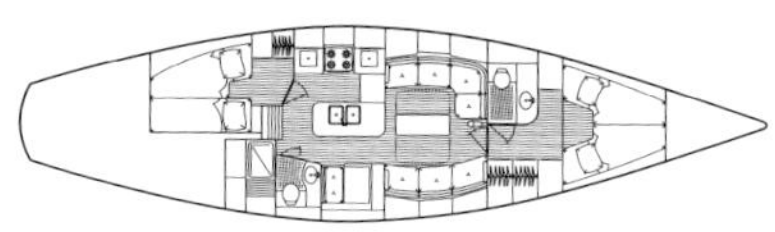

ALDEN 52 / 54

Design: John G. Alden Naval Architects, Boston

Konstruktion: Epoxi, E-und S-Glas, Kevlar, Kohlefaser-verstärkt, Balsa-Sandwich
Vakuumlaminat, getempert

	Alden 52	Alden 54
LOA:	15,63 m	16,48 m
LWL:	12,19 m	12,19 m
Breite:	4,37 m	4,37 m
Tiefgang Finnkiel:	2,08 m	2,08 m
Verdrängung:	21,09 t	21,09 t
Ballast:	7,25 t	7,25 t
Segelfläche:	108,5 m^2	108,5 m^2
Motor:	74 KW Yanmar	74 KW Yanmar
Diesel:	492 Liter	492 Liter
Wasser:	1060 Liter	1060 Liter
Verdr. / LWL:	316	316
Segelfläche/Verdr.:	14,5	14,5
Ballastverhältnis:	34,4 %	34,4 %

Preis: je nach Ausführung ab ca. 1.220.000 $ US

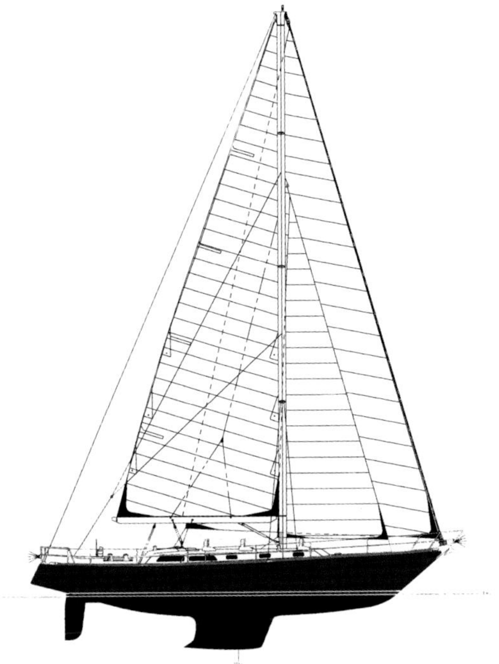

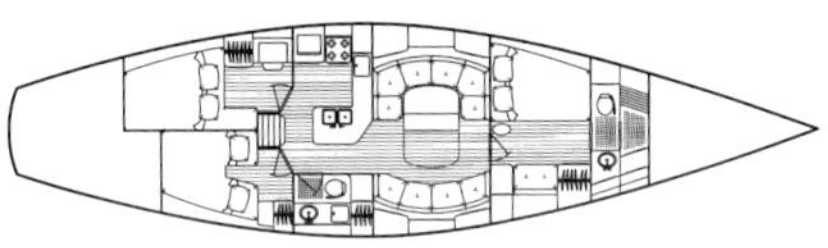

Wie eine neue Segelyacht im 22. Jahrhundert aussehen wird, das werden wir leider nicht mehr erfahren. Doch draußen auf See, weit entfernt von jeder Küste, dürfte die Zeit wenig Spuren hinterlassen. Die endlosen Weiten und die Gleichgültigkeit des Ozeans werden keine anderen Ansprüche als die heutigen an eine Yacht stellen. Und die Segler der Zukunft? Welche neuen Ansprüche werden sie mittlerweile an eine Yacht stellen? - Trotz aller Novitäten bleiben doch auch unsere nachhaltigsten Eindrücke die gleichen. Wenn in hundert Jahren jemand unter dem funkelnden Sternenhimmel der Tropen seine Nachtwache antritt und sich mit einer Tasse heißen Tee - es ist trotz der zarten Brise etwas kühl geworden - in den Bugkorb setzt, so wird er genau so fasziniert wie wir Heutigen um sich schauen. Ein Blick zu den Sternen und den geblähten Segeln, ein Blick zurück über das dunkle Deck, unter dem die Freunde jetzt schlafen, das leere Cockpit und dahinter das phosphoreszierende Kielwasser - während die Yacht mit dem rhythmisch anschwellenden, leisen Rauschen der Bugwelle ihren Kurs durch die sanften Wellen ganz von alleine steuert.

Alerion Express

Alerion Express 38

Der geniale amerikanische Yachtdesigner und Erfinder Nathaniel G. Herreshoff (1848-1938) nannte einige seiner eigenen Yachten 'Alerion', und dieser Name ist nicht das Einzige, was an dem Design der Alerion Express 38 an Herreshoff erinnern soll. Beim Einheitslook vieler heutiger Yachten könnte man schnell zu der Überzeugung gelangen, dass im Yachtdesign ein gewisses Optimum erreicht ist, tatsächlich aber sind die meisten modernen Yachten lediglich von den aktuellen Konstruktionsformeln der Regattaboote beeinflusst. Die Alerion Express Yachten heben sich hier wohltuend ab. Verkaufserfolge hin oder her, der Werft gebührt Anerkennung für den Mut zu ihrem Konzept: Ein Tribut an die Eleganz der Vergangenheit, gepaart mit unkomplizierter, hoher Segelleistung.

Das Beste aus Alt und Neu vereint: Ein unverstagter Besanmast aus Kohlefaser, der gewöhnungsbedürftige, aber hervorragende 'Gary Hoyt Fockbaum', ebenfalls Kohlefaser und ein Bug, der klar an Herreshoff erinnert.

Überwasser erinnert der Rumpf der Alerion Express 38 mit seinem ausgeprägten Sprung und positiven Spiegel an vergangene Zeiten. Vor allem am Bug mit seinen hohlen Wasserlinien erkennt der Eingeweihte sofort die Handschrift des großen Captain Nat Herreshoff. Unterwasser jedoch finden wir einen effektiven Finnkiel mit Ballastbombe und ein vorbalanciertes Spatenruder aus Kohlefaser. Für diese Kombination verantwortlich ist der kalifornische Designer Carl Schumacher (1949-2002), im Besonderen bekannt für Leicht-Displacement-Rennyachten. Rumpf und Deck der AE 38 werden als Balsasandwich mit moderner SCRIMP Infusionstechnik hergestellt, was die Verdrängung dieser Yacht lediglich 5,62 t betragen lässt. Nicht umsonst fügte man an den Namen daher noch das Wort 'Express'. Doch alles das ist auf den ersten Blick gar nicht zu erkennen, bleiben wir also noch ein wenig bei der äußeren Erscheinung. Hier setzt sich nämlich mit dem Rigg der Eindruck des klassischen Stils fort. Eine Yawl, wie es die AE 38 mit ihrem Besanmast achterlich der Ruderachse ist, sieht man heute wahrlich selten. Dieses Rigg war in den USA bis in die 50er Jahre sehr populär. Kein Wunder, denn unter der damals gültigen Vermessung des CCA (Cruising Club of America) wurde der gesamte Besan einer Yawl nicht mitgerechnet. Die meisten Regattayachten zu dieser Zeit waren Yawls und setzten bei raumen Winden ein Besanstagsegel, das völlig ungestraft blieb und eine Menge zusätzlichen Vortrieb brachte. Aber auch für den Fahrtensegler bietet dieses traditionelle Rigg neben seiner schön anzusehenden Silhouette Vorteile. So gibt es zum Beispiel für ein Ankermanöver unter Segel keinen geeigneteren Segelplan als den einer Yawl. Man schießt in den Wind, birgt Groß und Fock und schotet den Besan mittschiffs dicht, lässt die Yacht so langsam aufstoppen. Nun beginnt das Boot mit dem Bug genau zum Wind achteraus zu treiben, und man kann in Ruhe den Anker fieren. Kein Abdrehen und Querkommen durch den vor dem Drehpunkt liegenden Mast einer Sloop bzw. seiner Windangriffsfläche, keine Ankerkette, die am Bug oder gar am Kiel beim Dichtkommen scheuert. Man kann sogar mühe-

Vor dem Wind offenbart sich der größte Vorteil des 'Gary Hoyt Fockbaums'. Er kann auf Grund seiner starren Lagerung nicht weiter steigen und baumt die Fock perfekt aus.

los den Anker zwischen Riffen, Hindernissen oder anderen Yachten platzieren und sich wieder gezielt rückwärts hinaustreiben lassen. In dieser Situation aber bitte auf Winddreher achten! Die Pinne sollte man am besten auch mittschiffs festlaschen, es sei denn, man möchte noch den Rückwärts-Slalom für Fortgeschrittene üben. Mit meinem letzten Boot bin ich jedenfalls auch selbst überzeugter 'Yawlist' geworden und hielt es schon immer für eine Schande, gerade die beim Vorankergehen eintretende Ruhe durch Motoreinsatz zu stören. Wenn man vor Anker liegt, kann der Besan auch noch gesetzt bleiben, um das Schwoien zu minimieren.

Segelt man bei stärkerem Wind, dient das kleine Besansegel in erster Linie der Balance. Es wird nur das Groß gerefft und ab ca. 30 kn Wind komplett geborgen. Darin liegt ein weiterer entscheidender Vorteil des Yawlriggs. Der Gesamtsegeldruckpunkt ändert sich durch die Wegnahme des Groß kaum. Man hat zwei kleine Segelflächen mit perfektem Stand, weit auseinander und unabhängig angeströmt sowie den Großbaum über dem Cockpit gebändigt. Die AE 38 bleibt schnell und leicht auf dem Ruder. Übrigens ist es auch beim Manövrieren unter Segeln in engen Fahrwassern oder Häfen ein willkommener Vorteil durch das Streichen des Großsegels 'power' aus dem Rigg nehmen zu können, ohne an Balance zu verlieren.

Ein erklärtes Ziel im Design der AE 38 ist es zudem, sie problemlos mit minimaler Crew, also auch einhand, zu segeln. Das wird durch eine weitere Besonderheit des Riggs entscheidend vereinfacht: der Selbstwendefock mit dem Gary-Hoyt-Fockbaum. Ich selbst bin ein Fan der Selbstwendefock, und zwar am liebsten als Baumfock. Als ich in San Francisco stolzer Eigner einer Cape Dory Yacht war, lernte ich dieses Arrangement schätzen. Im engen Fahrwasser der Richardson Bay vor Sausalito aufzukreuzen war ein Kinderspiel - nur ruderlegen und durch den Wind gehen, ohne eine Schot zu berühren. Das bedeutet auch kaum Geschwindigkeitsverlust in den Wenden, keine großen Winschen für die Vorsegelschoten und keine überlappende Genua. Auf allerengstem Raum kann aufge-

Unter Deck wurde mit dem zur Verfügung stehenden Raum dieser 38 Fuß Yacht großzügig umgegangen. Der Ausbau ist schlicht aber sehr sauber ausgeführt.

kreuzt werden, ohne dass es etwas zu tun gibt – einhand! Die Nachteile einer normalen Selbstwendefock werden spätestens vor dem Wind deutlich. Wird kein Niederholer am Fockbaum geriggt, steigt dieser und die Fock lässt allen Wind entkommen oder ist im Schatten des Großsegels fast vortriebslos. Hier nun hatte Gary Hoyt, ehemals erfolgreicher Regattasegler, Olympiateilnehmer und Gründer von 'Freedom Yachts', die Idee, einen starren Fockbaum zu konstruieren, dessen Lagerung an und unter Deck nicht senkrecht, sondern parallel zum Vorstag verläuft. So bleibt beim Ausschwenken des Baums das Achterliek stramm, denn der Baum kann nicht weiter steigen, und die Fock wird ganz automatisch perfekt bis vor den Wind ausgebaumt. Hoyt ließ sich dieses Konzept 1995 sogar patentieren. Die Lagerung des Fockbaums befindet sich etwas achtern des Vorstags - kein unumgänglicher Kompromiss, sondern Absicht. Das flache Segelprofil für Am-Wind-Kurse wird so beim Fieren der Schot wie gewünscht zunehmend bauchiger - ebenfalls automatisch. Besonders einfach wird es 'Schmetterling' zu segeln und vor dem Wind die Fock dem Groß gegenüber auszustellen. Natürlich darf auch ein Spinnaker gesetzt werden, aber mit nur geringen Abstrichen an Geschwindigkeit kommt die AE 38 auch ohne aus und wird jedem Boot, das ohne Spi und ohne ausgebaumte Genua segelt, überlegen sein. Und niemand muss dabei das Cockpit verlassen!

Auch Backstagen sind für das effektive $^{7}/_{8}$ Rigg dank der zwei leicht gepfeilten Salingspaare nicht nötig. Zum Trimmen des Großsegels dient ein hydraulischer Achterstagsspanner. Der Mast besteht aus verjüngtem Aluminiumprofil, elegant in Elfenbeinweiß lackiert, während Besanmast und Fockbaum aus Kohlefaser sind, um im Bug- und Heckbereich Gewicht zu sparen. Der Besan konnte somit freistehend, das heißt ganz ohne Verstagung, realisiert werden, wodurch das wunderschöne Achterdeck angenehm frei bleibt.

Allzu oft wird das Auge beim Betrachten der Linien einer Yacht durch viele Details und aufgesetzte Ausrüstung abgelenkt, nicht so bei der AE 38. Hier führen Klarheit und Einfachheit zu großer Ästhetik. Das gilt im Besonderen im

Ein Cockpit, das durch seine Schlichtheit andere in den Schatten stellt. Sämtliche Beschläge sind erste Wahl.

großen Cockpit mit seinen langen geraden Duchten und den Rückenlehnen aus Teak und einer einfachen, schlanken Pinne. Eine Pinne auf einer 38 Fuß Yacht ist heutzutage ebenso selten wie das Yawlrigg, aber gibt es etwas Besseres als ein ausbalanciertes, großes Boot am Wind mit dem leichten Druck einer Pinne in der Hand zu steuern? Alle Beschläge sind erste Wahl von Harken und Lewmar. Die acht hübschen, ovalen Bullaugen aus Edelstahl lassen sich allesamt öffnen und sorgen so für viel Luft im Boot. Die weißen Decksflächen bestechen durch ihr absolut makelloses GFK Finish und werden durch den zarten Trim aus Teakholz akzentuiert. Nur wenig Holz ist der Witterung ausgesetzt, und ein geschickter Eigner kann die jährlichen Pflege- und Lackierarbeiten für das standesgemäße Yacht-Finish auch gut selbst bewältigen.

Die Werft TPI in Rhode Island (s.a. J Boats) hat nach dem Erfolg der kleineren Alerion Express 28 - ebenfalls ein Carl Schumacher Design - nun seit 1997 sieben der großen AE 38 fertiggestellt. Im SCRIMP Verfahren werden alle Versteifungen, wie Bodenwrangen, Stringer, Motorfundament und Mastfuß in einer Einheit mit dem Rumpf erstellt und nicht erst später anlaminiert. Unter ausschließlicher Verwendung von Vinylesterharz entsteht so ein hochfester Rumpf mit einer werftüblichen Garantie gegen Osmose von 10 Jahren. Am schönsten ist er wohl in tiefem Blau mit goldenem Zierstreifen wie auf den Abbildungen, aber das muss nun jeder selbst entscheiden.

Leider ruht die Produktion der AE 38 schon seit einiger Zeit. Warum? Zeigt diese Yacht zu viel Individualität? Ist die Pinne zu abschreckend, das Yawlrigg einschüchternd oder der Fockbaum rätselhaft? Ich weiß es nicht. Man könnte die AE 38 auch als Sloop und mit Radsteuerung ordern - dann aber hätte man bereits auf fast die Hälfte ihrer Reize verzichtet. Nein, in der hier gezeigten Ausführung wäre die Alerion Express 38 mit ihrem unkomplizierten Rigg und gleichzeitig mit ihrer überlegenen Speed für so manchen Segler ideal - allein es fehlt an Aufträgen!

Den Ausbau zukünftiger Alerion Express 38 Yachten soll Tony Widman leiten. In seiner Werft 'Proper Yachts' in Fall River, direkt an der Grenze von Rhode Island zu Massachussetts, wird unter anderem auch die Alerion 26 nach den genau

Im klaren und übersichtlichen Design erkennt man die Schönheit einer Yacht. An den harmonischen Proportionen der AE 38 hat auch das freie Achterdeck einen entscheidenden Anteil.

gleichen Rumpflinien von Herreshoffs eigener Alerion III von 1912 fertiggestellt. Der Ausbau der AE 38 erfolgt weiterhin im klassisch amerikanischen Stil, manchmal auch Herreshoff-Stil genannt. Man versteht darunter weiße Flächen mit stark kontrastierendem Holz. Im Fall der AE 38 ist dieses Holz Teak. Für manchen mögen die weißen Formica Furniere wenig wertvoll erscheinen, tatsächlich erinnern sie aber auch an die traditionell weiß gestrichenen Paneele aus Weichholz, wie sie im Bootsbau zu Zeiten, als es noch kein Sperrholz gab, üblich waren. Die Aufteilung ist klassisch mit einer ehrlichen Zweckmäßigkeit, alles wirkt hell, sauber und offen. Die Innenverkleidung des Rumpfes besteht aus Zeder, die 'teak and holly' Bodenbretter sind aus Teak und Ahorn, wie es üblich und auch gut anzusehen ist. Kein GFK ist innen sichtbar. Der Salontisch kann an das Hauptschott geklappt werden. Im Vergleich zu vielen Yachten wurde äußerst großzügig mit dem zur Verfügung stehenden Raum umgegangen. Es war natürlich auch nie beabsichtigt, möglichst viele Kabinen, Kojen, Nasszellen etc. unterzubringen. Die Holzarbeiten, und speziell das Finish des Klarlacks, sind tadellos.

Captain Nat ging angeblich jeden Tag, und auch noch, als er schon weit über 80 Jahre war, kurz segeln - meist mit seiner kleinen *Alerion III*. Ich denke, dass auch heute noch - vielleicht mehr denn je - die Freude an einer Segelyacht stark davon abhängt, wie leicht es einem fällt, auch kurzfristig, ohne lange Vorbereitung, ohne erst Mitsegler organisieren zu müssen, aufs Wasser hinauszukommen und eine schnelle, elegante Yacht durch die Wellen zu steuern. Die Alerion Express ermöglicht das alles auf einfachste Art. Es ist sicher nicht ihre Schuld, wenn sie, wie so viele andere Yachten, trotz freier Zeit und bestem Wetter am Liegeplatz zurückbleiben muss.

Technische Details

Alerion Express
Newport R&D
1 Maritime Drive
Portsmouth, Rhode Island 02871
USA
Tel 001 401 6839450

ALERION EXPRESS 38

Design: Carl Schumacher

Konstruktion: SCRIMP Vakuuminfusion, Vinylester, Balsa-Sandwich

LOA:	11,70 m
LWL:	9,17 m
Breite:	3,30 m
Tiefgang:	1,65 m
Verdrängung:	5,62 t
Ballast:	1,91 t
Segelfläche:	66,1 m^2
Motor:	20KW Yanmar
Diesel:	132 Liter
Wasser:	198 Liter
Verdr./LWL:	203
Segelfläche/ Verdr.:	21,3
Ballastverhältnis:	34 %
Preis:	ca. 260.000 $ US

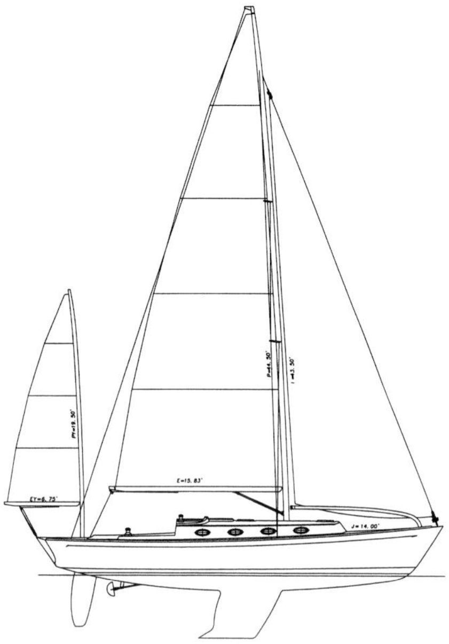

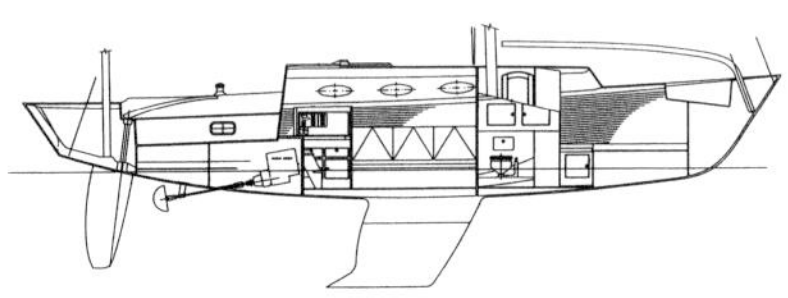

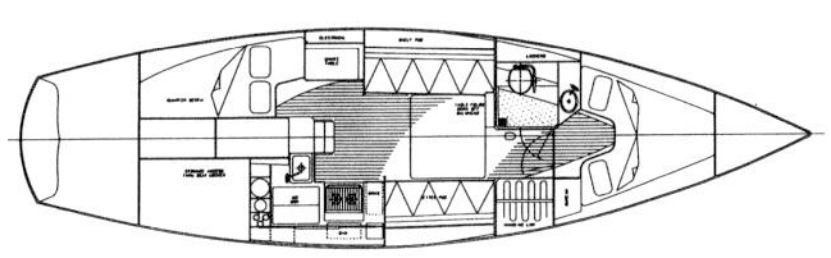

Weitere Modelle: Alerion Express 28
Alerion 26
Alerion Express 20
Alerion Cat 19

Denn glücklich ist, wer sich nach einem Arbeitstag noch bei seinem Boot verabredet - und da gerade eine stete Brise weht und die Tide günstig ist - unter Segel ablegt und lautlos aus der Marina gleitet. Vielleicht hinaus in eines der schönsten und anspruchsvollsten Segelreviere der Welt, wie die Bucht von San Francisco. Noch eine Runde um Alcatraz vor dem Dinner - das ist die Freude und der Luxus, den ich meine.

Rumpfgeschwindigkeit erreicht! Die Alerion Express 38 bei schönstem Segelwetter.

Baltic

Baltic 47

Heute gilt es als selbstverständlich, dass eine Regattayacht so leicht wie möglich gebaut sein muss. Allenfalls unter Fahrtenseglern findet noch eine Diskussion zwischen den Anhängern von 'leicht' und 'schwer' statt. Anders als man im ersten Moment denken könnte, ist eine Leicht-Displacement Yacht, bei allen Winden schneller außer gerade bei leichten - mehr dazu später. Wann aber gilt eine Yacht überhaupt als leicht? Mit traditioneller Bootsbautechnik war früher bereits alles unter einem Verdrängung/LWL-Verhältnis von 300 leicht. Heute muss eine Yacht auf jeden Fall unter 200 liegen, um als leicht zu gelten, und Regattayachten wie Volvo Ocean Racer erreichen sogar Werte weit unter 100. Erst durch den technischen Fortschritt bei faserverstärkten Kunststoffen wurde es möglich, die beiden Anforderungen und ehemaligen Gegensätze - leicht und stark - wirklich zu vereinen.

Es gibt kaum eine Werft, die den Bau ihrer Rümpfe nicht mit Attributen wie 'High Tech-Laminat' oder 'auf dem neuesten Stand' etc. schmückt. So hartnäckig wird auf Unkenntnis beim Kunden gesetzt, dass wir diese Marketing-Begriffe in einem weiten Spektrum finden - von der billigst, im Faserspritzverfahren produzierten Yacht bis hin zu den angesehensten Werftnamen. Tatsächlich arbeitet die Mehrzahl aller Betriebe im Grunde mit derselben Technologie wie vor 20, wenn nicht 30 Jahren. Sicher wurde vieles verbessert, aber die Umstellung von Orthophthalsäure- auf Isophthalsäure-Polyesterharz oder ein bisschen Aramidgewebe im Bugbereich kann kaum als High Tech bezeichnet werden. Anders die finnische Werft Baltic Yachts. Sie kann man zurecht als einen der wahren Schrittmacher bezeichnen, wenn es um 'hohe Technologie' geht. Die nachbarlichen Betriebe Baltic Yachts und Nautor's Swan werden oft zusammen in einen Topf mit der Aufschrift 'finnische Nobelwerften' geworfen, dabei gibt es seit jeher grundlegende Unterschiede in der Konzeption der Yachten. 1973 führten unterschiedliche Auffassungen dazu, dass sich fünf Mitarbeiter von Nautor (Swan) trennten, um ihren eigenen, anderen Weg zum Bau der 'besten' Segelyacht einzuschlagen. Die fünf gründeten Baltic Yachts. Ihrer Überzeugung nach musste die 'bessere' Yacht leichter werden, und so war es ihre Herausforderung, beim Bau an Gewicht zu sparen, ohne bei den hohen Anforderungen an Festigkeit, Sicherheit und Komfort Kompromisse einzugehen. Das bedeutete, dass man sich von Anfang an mit technisch aufwendigeren und moderneren Baumethoden beschäftigen musste. Eine Sandwichkonstruktion für die Rümpfe war nur die erste logische Schlussfolgerung. Bereits seit 1973 verwendet Baltic Yachts somit Unidirektionalgelege anstelle von Glasgewebe. Bei einem Gelege sind die Fasern in gestreckter Form parallel nebeneinander ausgerichtet; sie können so wesentlich höhere Zugkräfte aufnehmen als in der einfacher zu verarbeitenden gewebten Form, in der sie wellenartig über- und untereinander verlaufen. Unidirektionalgelege (UD) können zudem gezielt entlang der auftretenden Kräfte verlegt werden und haben bei geringster Dicke die größte Festigkeit. Da weniger Harz benötigt wird, um die eng gepackten Fasern zu sättigen, erzielt man mit ihnen auch das bei weitem beste Gewicht/Festigkeit-Verhältnis. Schon seit Ende der 70er Jahre findet man in Baltic Yachten Aramid- und Kohlefasergelege und Anfang der 80er bereits den Einsatz von Epoxiharz und Vakuumverfahren. Seit 1995 verwendet die Werft Kohlefaser-Prepregs, die unter Vakuum in einem Ofen bei 80°C ausgehärtet werden. Diese mit Epoxiharz vorimprägnierten Gelege (engl. Kurzform: prepreg) garantieren ein perfektes Harz/Faser-Verhältnis. Sie sind bei Raumtemperatur trocken und nur ganz leicht klebrig. So können sie mit absolut geradem Faserverlauf verlegt werden, wie er sonst beim Tränken eines Laminats nicht eingehalten werden kann. Zudem können in Prepregs dickflüssigere und damit auch höherwertige Epoxiharze eingesetzt werden als in 'nassen' Laminaten. Der Transport und die Lagerung von Prepregs erfolgen bei -18°C, um eine Reaktion der Epoxi-Komponenten und damit ein Härten zu unterbinden. Eine Werft wie Baltic Yachts benötigt also neben einer leistungsstarken Vakuumanlage und großen Öfen zum Backen der Rümpfe auch noch Tiefkühlräume zum Lagern der Materialien! Im Vergleich zu einem bereits sehr hochwertigen Glas-Kevlar (UD) Laminat mit Isophtalsäureharz steigen durch Kohlefaser/Kevlar-Prepregs die Kosten nochmals auf über das Doppelte, während sich das Gewicht eines leeren Rumpfes um ca. 38% reduzieren lässt. Ein Rumpf wird dank dieser Technik aber nicht nur leichter und steifer, sondern auch wesentlich dauerhafter. So sinkt die Festigkeit eines getemperten Epoxi-Rumpfes über einen Zeitraum von zehn Jahren um weniger als 5%, die eines üblichen mit Orthophthalsäure-Polyester laminierten Rumpfes dagegen um ca. 50%!

P. G. Johansson, der Mann, der hinter Baltics führender Position im modernen Composit-Yachtbau steht.

Eine Baltic 50 bei bestem Segelwetter an Sardiniens wunderschöner Costa Smeralda. Diese Baltic hat ein Brückendeck und ein kleines Steuercockpit. Gut zu sehen die praktische Zentralwinsch für die Großschot.

PG Johannsen, der von jedem nur PG genannt wird, gehört zu den fünf Gründungsmitgliedern von Baltic Yachts. Er ist ein so offener und kompetenter Gesprächspartner, wie man ihn sich nur wünschen kann: „Wir haben keine Geheimnisse", sagt er. „Im Gegenteil, wir heißen jeden willkommen, der Boote mit so hohen Qualitätsansprüchen wie den unseren bauen will." Und natürlich ließe sich der immense Erfahrungsschatz im Umgang mit modernen Composit-Materialien auch nicht einfach abschauen. Viel Pionier- und Forschungsarbeit musste erst geleistet werden, um, wie es bei Baltic häufig der Fall war, als erste Werft neue Verfahren und Techniken im Bootsbau einzuführen. Fairerweise sollte man auch sagen, dass so viel Pionierarbeit von einer Werft im Serienyachtbau nicht erwartet werden kann. Baltic Yachts hat schon immer vom Bau sehr innovativer Custom-Projekte profitiert und ist heute fast eine reine Custom-Werft. Vor allem wegen der Größe der zur Zeit im Bau befindlichen Yachten sprengt die Werft beinahe auch den Rahmen dieses Buches. Durch drei Superyacht-Projekte von 140 bzw. 147 Fuß, also über 42 Meter Länge, in Kohlefaser/Kevlar Prepreg ist man langfristig ausgebucht. „Ist es nicht etwas schade", frage ich, „dass die bekannten Baltic Yachten wie die 40, 43 und 47 nun nicht mehr gebaut werden?" „Nun ja, ich hatte aus diesem Grund bereits Anfragen für Projekte von über 100 Fuß abgelehnt", erklärt PG, „aber wenn man die Auftraggeber bereits als gute, frühere Kunden kennt, kann man irgendwann einfach nicht mehr nein sagen - und für jemanden wie mich, der Boote baut, sind diese Dimensionen natürlich auch eine interessante Herausforderung. Jetzt muss ich bei neuen Anfragen auf sehr lange Lieferzeiten verweisen und ich habe befürchtet, dass das gerade bei einer kleineren Yacht nicht akzeptabel sei. Trotzdem haben wir ausgerechnet heute einen Auftrag für eine neue Baltic 47 angenommen. Der Eigner ist nun doch bereit, über drei Jahre auf genau diese Yacht zu warten."

Luxus pur in der einladenden Achterkabine einer Baltic 47.

Der Salon einer 47 im bekannt perfektem Design der Baltic Semi Custom Yachten.

Die Nav-Ecke einer Baltic 47 mit Keyboard. Moderne Yachten – moderne Navigation.

Bei dieser Aufteilung der Achterkabine einer Baltic 47 hat man immer eine Koje in Lee.

Die große Spezialpresse bei Baltic. Hier entstehen ebene Bauteile wie Schotte und Paneele mit unübertroffenen Gewichts-Festigkeitswerten in modernster Composit-Technik.

Ich bin beruhigt, das zu hören, denn neben der Baltic 47 lässt sich hier ansonsten nur noch von einem 50 Fuß IMS Racer/Cruiser berichten, wenngleich es sich dabei auch um eine der modernsten Performance-Yachten mit vollwertiger Inneneinrichtung handelt, die heute weltweit gebaut werden. Die Baltic 50 ist ein von Bill Tripp gezeichnetes Design und wurde mit unterschiedlichen Deck-Layouts bereits siebenmal ausgeliefert. Oft überschreitet die eine oder andere Baltic sogar die auferlegten Beschränkungen gewisser Regatten, was die Verwendung von Kohlefaser oder Titan angeht, ja sogar Schwenkkiele wurden - trotz ihrer harten Bestrafung - schon gebaut. Andererseits wiederum findet man in jeder Baltic einen luxuriösen Ausbau aus edlen Hölzern. So scheint es zumindest auf den ersten Blick; schnell wird jedoch klar, dass ein Ausbau nicht minder als ein Rumpf vor verborgener High Tech strotzen kann. Denn auch hier gilt es, Gewicht zu sparen: An Stelle von profanem Sperrholz werden ultraleichte Nomex-Waben verwendet; sie werden beiderseits mit Kohlefaser Prepregs beklebt. Nur den Abschluss bildet dann ein dünnes Teak- oder Mahagoni-Furnier. An den Rändern solcher Paneele werden die empfindlichen Waben durch einen Schaumkern ersetzt, der nach außen mit einer dünnen Massivholzleiste abschließt. So können bei Baltic Custom - Yachten mit federleichter 'Edelholz'-Einrichtung gebaut werden, der man allerdings fast eine optische Täuschung vorwerfen könnte. Interessant ist vor allem die Herstellung solcher ebenen Bauteile, ob nun Paneele für die Einrichtung oder Schotte für den Rumpf. Die Werft hat sich dazu nämlich eine Spezialpresse bauen lassen. Zwei riesige, waagrechte Stahlflächen fahren hydraulisch aufeinander und pressen das Bauteil zwischen sich ein. So entsteht ein wesentlich höherer Anpressdruck, als er unter einer Vakuumfolie möglich wäre. Beide Flächen sind zur Aushärtung des Bauteils elektrisch heizbar, wobei der streng einzuhaltende Temperaturverlauf durch ein Computerprogramm gesteuert wird.

Doch bei einer Custom-Werft wie Baltic sind das alles nur verschiedene Optionen, für die sich ein Eigner entscheiden kann, je nachdem, wie weit man gehen möchte bzw. wie viel man es sich kosten lassen möchte, Gewicht zu sparen und gleichzeitig Leistung sowie Werterhalt zu steigern. Grob gesagt kann man dabei zwischen vier Technologie-Stufen wählen: 1. Stufe: Laminat aus Glas/Kevlar mit Isophthalsäureharz, 2. Stufe: Glas/Kevlar mit Epoxiharz und Vakuumverfahren, im Ofen getempert, 3. Stufe: Kohlefaser/Kevlar mit Epoxiharz und Vakuumverfahren, getempert, 4. Stufe: Kohlefaser/Kevlar Prepreg, natürlich auch getempert. Als Sandwichkern kommen Schaum, Balsa oder Nomex-Waben zur Verarbeitung.
Was wirklich passiert, wenn man beim Bau einer Yacht Gewicht einsparen kann, wird meistens nicht richtig zu Ende gedacht. Sagen

Edelholz mit High Tech-Kern. Hier sind es Nomex Waben unter Kohlefaser-Prepregs, an der Seite verstärkt durch einen Schaumkern, die für eine federleichte Inneneinrichtung sorgen. Solche ebenen Bauteile werden in der Presse hergestellt.

Kevlar/Mylar Segel auf einer Baltic 47. Leicht, steif und schnell sind die passenden Attribute für Baltic.

Einer der drei gewaltigen, über 42 Meter langen Kohlefaser-Prepreg-Rümpfe, zur Zeit im Bau bei Baltic. Die riesigen Dimensionen werden durch den senkrechten Schacht für den Hubkiel und den nebenstehenden Mann erst richtig deutlich.

Laminierte Püttinge sind längst Standard bei Baltic. Sie bestehen aus nassen Epoxi Laminaten (kein Prepreg) und Kohle- oder Aramidfasern, je nachdem, welche Faserverstärkungen bereits in Rumpf und Schotten Verwendung fanden.

wir einmal, ein Yachtdesign erhält als Eckdaten (u.a.) ein Segelfläche/Verdrängungs-Verhältnis von 25 für eine gewünschte supersportliche Segelleistung sowie ein Ballastverhältnis von 44%. Unterstellen wir jetzt, beim Bau können durch moderne Technik 500 kg im Vergleich zu konventionellen Laminiermethoden eingespart werden. Das bedeutet nun, dass unter Beibehaltung des Ballastverhältnisses von 44% der Ballast um ca. 393 kg leichter ausfallen wird. Jetzt haben wir zusammen bereits 893 kg eingespart und können die Segelfläche für das angestrebte Segelfläche/Verdrängungs-Verhältnis von 25 entsprechend reduzieren. Das hat wiederum zur Folge, dass Masthöhe und Rigggewicht abnehmen, und auch die Dimensionierungen bei Winschen, Beschlägen etc. kleiner ausfallen können, womit sich wiederum die Verdrängung reduziert. Auch ohne nun die Festigkeit des Rumpfes für diese neue Verdrängung zu korrigieren, können wir jetzt nochmal den Ballast anpassen, darauf wieder die Segelfläche usw. Zum Schluss ist man überrascht, wie viel 500 kg weniger Rumpfgewicht an Bedeutung gewinnen. Allerdings ist es bei einer Leicht-Displacement Yacht äußerst wichtig, dass die vorgegebenen, berechneten Gewichte auch eingehalten werden können. Prepregs erleichtern bereits die Gewichtsberechnung bei der Konzeption, aber eine Kontrolle der tatsächlichen Gewichte bleibt trotzdem unumgänglich. Baltic wiegt jedes einzelne Bauteil vor dem Einbau und auch regelmäßig den gesamten Rumpf, während er noch in der Form ist. Dabei wird auch gleichzeitig die korrekte Lage des Schwerpunktes überprüft. Bei nassen Laminaten ist die Einhaltung des korrekten Mischungsverhältnisses zwischen Epoxi-Harz und -Härter von ausschlaggebender Bedeutung für wirklich vollständiges Aushärten. Nur drei der insgesamt 130 Mitarbeiter dürfen daher Epoxi anmischen und müssen alle Mengen genau protokollieren. Die höchsten Qualitätsanforderungen sind in den sauberen und modernen Werfthallen überall spürbar. Heute ist Baltic Yachts gemeinsames Eigentum von 34 Angestellten. Und ich kann sagen, dass der Stolz aller Mitarbeiter auf ihre Arbeit hier aufs deutlichste zu spüren war.

Was sind die Vorteile einer Leicht-Displacement Yacht auf See? Sie ist schneller, daran wird niemand zweifeln. Und ist einmal eine schwere Yacht bei leichten Winden schneller (immer ein gleiches Segelfläche/Verdrängungs-Verhältnis vorausgesetzt), so liegt das daran, dass die schwere Yacht mit ihrer runden Spantform ein günstigeres Segelfläche/benetzte Oberfläche-Verhältnis hat. Eine im Verhältnis geringe benetzte Oberfläche ist bei langsamer Geschwindigkeit durchs Wasser bekanntermaßen wichtiger als ein geringer Formwiderstand. Nun sagt man allgemein, dass eine leichte Segelyacht zwar schneller, aber dafür unkomfortabler sei, da ihr flaches Unterwasserschiff im Seegang schlägt. Das stimmt in der Regel schon. Hier aber ein noch nicht so oft gehörtes Argument der Gegenseite: Ein tiefer Vorfuß setzt zwar weich ein, wenn die Yacht aufrecht segelt - krängt sie aber 25° oder mehr, so bietet der tiefe Vorfuß den Wellen eine große und relativ ebene Fläche, die auch hart

schlagen kann. Doch am liebsten zitiere ich PG für ein salomonisches Schlusswort:
„Die bloße Entscheidung, ein Boot leicht oder schwer zu bauen, garantiert noch überhaupt keinen Erfolg. Mit beiden Philosophien kann man gute, aber leider auch sehr schlechte Ergebnisse erzielen. Es kommt immer darauf an, wie eine Yacht gebaut wird, wie viel Aufmerksamkeit und Mühe den Details und der Qualität gewidmet werden. Wenn ich mich in zehn oder fünfzehn Jahren zur Ruhe setze, und wenn ich gesund bin und mein Kopf noch klar ist, dann möchte ich auf meinem Sofa sitzen, möchte viel zu erinnern haben und auch etwas stolz sein dürfen, aber vor allem möchte ich sagen können, dass es meine eigenen Überzeugungen waren, denen ich bei Baltic gefolgt bin."

Um das gesamte Ankergeschirr auf dieser Baltic 50 auszuklappen, wird der Bugkorb mittels Überwurfmuttern gelöst und zur Seite geschwenkt. Auch der kleine Bugspriet-Aufsatz für asymmetrische Spinnaker und Code-Zero-Segel ist schnell demontierbar.

Eine Baltic 50 mit großem Regattacockpit und ohne Teakdeck. Diese Genua bringt maximalen Vortrieb. Nichts kann ungenutzt zwischen Segel und Deck entkommen.

Bei der Baltic 50 hat man die Wahl zwischen einem Topprigg und dem hier abgebildeten anspruchsvolleren $^7/_8$ Rigg mit Backstagen und mehr Möglichkeiten an Segeltrimm.

Technische Details

Baltic Yachts
Balticvägen 1
68555 Bosund
Finnland
www.balticyachts.com

BALTIC 47

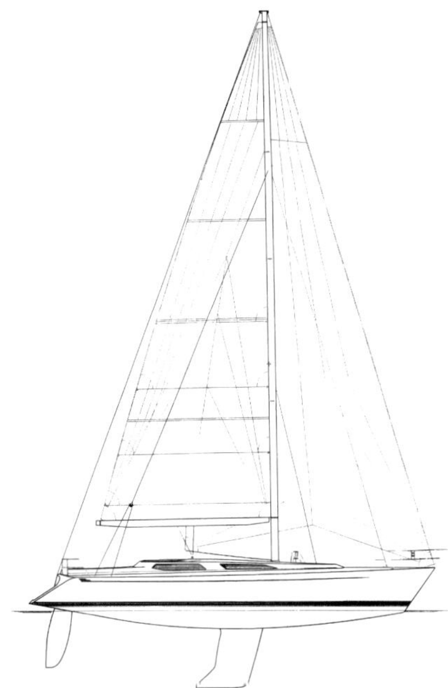

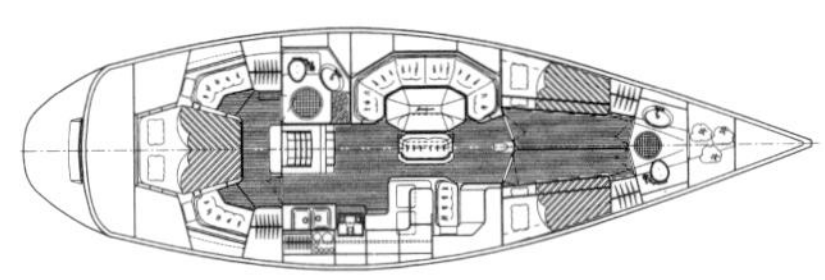

Design: Judel/Vrolijk Design

Konstruktion, min. Technologie-Stufe:
Iso-Polyester, Glas/Kevlar UD-Gelege,
Balsa Sandwich (meist wird höherer Standard geordert)

LOA:	14,55 m
LWL:	12,04 m
Breite:	4,39 m
Tiefgang:	2,65 m
Verdrängung:	11,20 t
Ballast:	4,60 t
Segelfläche 130% Genua:	140,8 m²
Motor:	46 KW Yanmar
Diesel:	200 Liter
Wasser:	400 Liter
Verdr. / LWL:	179
Segelfläche/Verdr.:	28,6
Ballastverhältnis:	41 %
Preis:	je nach Ausführung

BALTIC 50 IMS

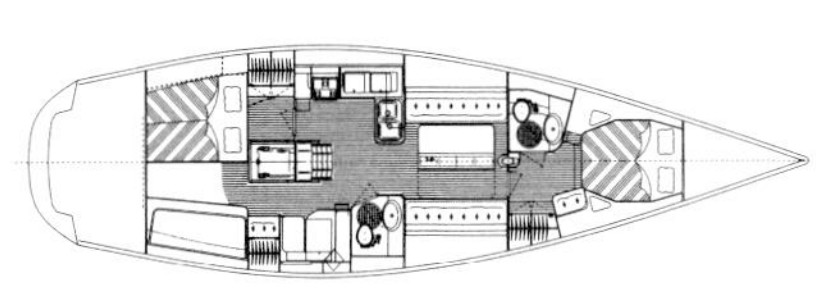

Design: Bill Tripp Design

Konstruktion, min. Technologie Stufe:
Epoxi, Kevlar/Glas UD-Gelege unter Vakuum,
getempert, Schaum-Sandwich
(meist wird noch höherer Standard geordert,
z.B. Kohlefaser/Kevlar Prepreg)

LOA:	15,24 m
LWL:	13,30 m
Breite:	4,34 m
Tiefgang:	3,33 m
Verdrängung:	9,30 t
Ballast:	4,08 t
Segelfläche 130% Genua, (7/8 Rigg):	138.9 m²
Motor:	38KW Yanmar
Diesel:	130 Liter
Wasser:	250 Liter
Verdr. / LWL:	110
Segelfläche/Verdr.:	31,9
Ballastverhältnis:	44 %
Preis:	je nach Ausführung

Weitere Modelle: Custom bis 45 Meter Länge und größer

Mit 7,8 kn gleiten wir über die Wellen. Hoch am Wind geht es entlang einer fernen Küste durch die Dämmerung, hinein in einen dunklen Nachthimmel. An Bord herrscht die ruhige Atmosphäre erfahrener Segler. Der Ton ist leise und gelassen, das einzige Licht ist das gedämpfte Rot der Instrumente - nichts ist neu.
Doch etwas unterscheidet diese Yacht von fast allen anderen, die zugleich irgendwo auf der Welt ihren Kurs verfolgen. Wie ein leichtfüßiger Marathonläufer aus einem fernen Hochland, der, ohne ein Gramm Fett am Körper, sich mit federnden Schritten und einer wie unter Strom stehenden Spannung schnell vom Feld ab- und an die Spitze setzt, so segelt auch diese Yacht wie in einer eigenen Liga. Als Segler spürt man die feinen Unterschiede sofort. Die besondere Härte des Rumpfes hört man schon am trockenen Klang der rasch aufeinanderfolgenden, leichten Schläge unter dem Bug; nichts knarzt, nichts arbeitet, und man spürt diese steife, unnachgiebige Einheit vom Kiel bis ins Topp, wenn eine kleine Bö in die Segel fährt, die Yacht beschleunigt und der Rumpf sich höher und über das Wasser zu heben beginnt.

Baltic 50

Farr Pilothouse Yachts

Was würde wohl Bernard Moitessier sagen, könnte er die heutigen mit Sponsorenlogos überklebten Rennyachten sehen? Per Direktübertragung aus der unendlichen Weite 'seiner' südlichen Breiten auf die Bildschirme zu Hause und mit Live-Bericht von der Rundung der drei großen Kaps! Ob es nun eine 24jährige Frau ist, die allein eine 60 Fuss Yacht mit einer Durchschnittsgeschwindigkeit(!) von 11,5 Knoten nonstop um die Welt steuert oder ob es eine Volvo 60 ist, die - ihren Steven fast unter Wasser - mit einer damals undenkbaren Speed durch und über die Wellen des Südatlantiks jagt, so steht doch trotz der gleichen Fahrtgebiete viel mehr als nur technische Entwicklung zwischen Moitessiers 'Joshua' und der neuesten Vendee Globe oder V.O.60 Yacht. Und genau das ist einer der schönsten Aspekte des Segelns: Die außergewöhnliche Vielfalt und Bandbreite, die unterschiedlichen Ideologien, die das Segeln zulässt. Es gibt so viele Arten von Booten, Yachten und Crews, wie es verschiedenste Motivationen, Einstellungen und Wünsche, ja Stilrichtungen des Segelns gibt, so dass im Wie und Womit bereits alle Möglichkeiten liegen, den menschlichen Charakter widerzuspiegeln.

Meiner Erfahrung nach ist ein sogenanntes Pilothouse ausgesprochen wünschenswert auf einer Yacht. Wobei ich einräume, dass ich zu dieser Erkenntnis eher durch die bittere Ab- als Anwesenheit eines solchen Pilothouses gekommen bin. Im Gegensatz zum eigentlichen Decksalon hat das Pilothouse einen zum übrigen Innenraum hin erhöhten Boden und gewährt somit gute Sicht aufs Wasser und die Umgebung. Doch gibt es unter der Vielzahl ähnlicher Begriffe keine klaren Definitionen. Das ist auch nicht weiter verwunderlich, benennt doch fast jede Werft heutzutage ihre Version irgendeines mittschiffs gelegenen 'Fenster-Doms' unterschiedlich. Meist sind das spätere Ergänzungen der Modellpalette und Zugeständnisse an den Trend. Wenn zum Beispiel ein neues Deck auf einen Rumpf mit den nach wie vor gleichen Motor- und Schottpositionen gesetzt wird, so ist es oft schwer, zu einem überzeugenden Ergebnis zu kommen. Dagegen sind die Farr Pilothouse Yachten von Anfang an als solche konzipiert, und das Problem der guten Sicht nach draußen ist vortrefflich gelöst. Ob man steht oder sitzt, die großen, getönten Scheiben befinden sich immer in Augenhöhe. Um ein Pilothouse einigermaßen harmonisch in eine Segelyacht zu integrieren, ist eine gewisse Mindestgröße der Yacht Voraussetzung. Wo diese Grenze liegt, ist in erster Linie eine ästhetische Frage, über die sich streiten ließe. Ich denke, ab ca. 50 Fuß Länge beginnt die Arbeit des Designers jedenfalls wesentlich angenehmer zu werden.

Zielstrebig zum Erfolg: Bruce Farr (links) ist heute der einflussreichste Designer schneller Performance-Yachten. Neben ihm sein langjähriger Geschäftspartner und Experte im modernen Kunststoffbau, Russel Bowler.

1996 wurde das erste Modell der Farr Pilothouse Yachten, die Farr 60, vorgestellt. Sie entstammt ursprünglich der Idee zu einer Art Fahrtensegler-Version der damals noch Whitbread 60, heute V.O.60 genannten Um-die-Welt-Regattayachten. Genau wie die Yachten des Designers Bruce Farr im Volvo Ocean Race haushoch dominieren, so dürften auch seine Pilothouse Yachten jede imaginäre Regatta unter Decksalon/Pilothouse-Serienyachten anführen. Bruce Farr steht für Geschwindigkeit! Keiner hat die modernen Formen der Rennyachten so stark wie er beeinflusst. Ein überaus scharfer Steven, viel 'Flare' im Freibord, sehr breite, flache Hecks, tiefer Ballast - Formen, die besonders vor dem Wind und auf raumen Kursen schnell sind. Vom Jugendlichen, der die Schule schmeißt, bis an die Weltspitze der Yachtdesigner, ist Farrs Karriere ein Beispiel an Zielstrebigkeit. Zur gleichen Zeit, als der Segelguru Moitessier 1969 auf seiner 'longue route' das Hoorn rundet und vom Ausstieg und einer besseren Welt zu träumen beginnt, verfolgt der 20jährige Farr konsequent seinen Weg zu Ruhm und Wohlstand im Yachtdesign-Business. In seiner Heimat Neuseeland experimentierte er bereits seit Jahren mit extremen Dingi- und Skiff-Konstruktionen, bis er endlich die ersten Aufträge bekommt. Interesse und Erfolg bei diesen wenig seetüchtigen Designs, zu denen auch noch die Libera Klasse kommt, zeigen Farrs wichtigstes Anliegen: Speed. Sein Zweckdenken kümmert sich dabei wenig um althergebrachte Yachttraditionen. Mit den Fortschritten im modernen Kompositbau lassen sich seine Konzepte nach und nach von den Extrem-Jollen auf große Hochseeyachten übertragen, ohne dass diese unter den immens vergrößerten Lasten auseinanderbrechen. Heute stehen Bruce Farr und sein langjähriger Hintermann und Kompositexperte Russel Bowler einem elfköpfigen Team vor. Ihre internationale Führungsrolle im Yachtdesign nehmen sie vom Farr-Hauptsitz im strategisch wichtigen Annapolis aus wahr. Neben dem Engagement im Americas Cup und Volvo Ocean Race sowie den zahlreichen Regattasiegen seiner Boote bei Weltmeisterschaften wurde Bruce Farr durch Serienyachten und One-Design Klassen, wie die First 40.7 und 47.7 sowie Mumm 30, 36 und Corel 45 bekannt, um nur einige zu benennen.

Farrs ideale Fahrtensegler aber sind seine Pilothouse Yachten. Nach der Farr 60 kam 1998 die

Die Crew dieser F50 scheint noch mit dem letzten Rest von 170 m^2 Nylon beschäftigt zu sein, der nicht aus dem Socken schlüpfen will.

Auch nach vorne bietet das Pilothouse gute Sicht dank der großen und nicht zu flachen Frontscheibe.

Farr 50 hinzu, während mittlerweile das neueste und in Relation breiteste Modell die Farr 56 ist. Die Yachten sind auf kräftesparende Bedienung ausgelegt. Üblich sind elektrische, auf Wunsch auch hydraulische Winschen und Rollreffanlagen. Rollgroßsegel-Systeme finden sich auch auf den meisten der 18 bisher ausgelieferten Farr 50. Doch ich denke, man sollte auf die immer ausgereifteren In-den-Baum-Systeme wie zum Beispiel 'Leisurefurl' umsteigen statt auf die Rollgroßsegel im Mast, ob mit oder ohne Vertikallatten. Das Drei-Saling-Rigg mit Kuttertakelung ist Standard, doch kann das Wendemanöver mit der Genua durch den engen Abstand der Stage etwas erschwert werden. Entweder man wählt ein wegnehmbares Kutterstag oder man wird vor dem Wenden die Genua per Knopfdruck wohl etwas einrollen müssen. Vorsicht, immer erst die Schoten fieren! Unter Fock bei stärkerem Wind wird das Kutterstag über Backstagen dichtgesetzt. Die Wanten bestehen leider aus 1x19 Edelstahldraht und nicht aus Rod. Achterstagspanner und Niederholer werden über eine hydraulische Handpumpe bedient. Bisher bestellte nur ein Eigner seine Farr 50 mit einem Rigg aus Kohlefaser.

Am Unterwasserschiff fällt der tiefe GFK-Kielstumpf auf. Er bringt neben dem Vorteil einer tiefen Bilge auch einen tiefliegenden Bleiballast in der Form eines Flügelkiels. So wird der Gewichtsschwerpunkt weit nach unten gebracht, während der genau über dem Kiel platzierte Motor für eine Gewichtskonzentration mittschiffs sorgt. Weiter fällt das großflächige Spatenruder auf. Bei einem so großen freistehenden Ruder muss die Abrisskante schräg und spitz zu einer Seite hin zulaufen. Das verhindert ein Flattern des Ruders beim Segeln, das durch die Turbulenzen des Faltpropellers hervorgerufen werden kann. Bedingt durch das Pilothouse und einen bereits sehr hochbordigen

Vor einem kräftigen Passat kommt Leben ins Boot.

Rumpf blickt man im Cockpit stehend aus über drei Meter Höhe auf die Wasseroberfläche. Doch das hohe Centercockpit ermöglicht andererseits zusammen mit dem breiten Achterschiff ein ungewohnt großes Platzangebot unter Deck. Vom Pilothouse steigt man zwei Schritte hinunter zur Galley. Sie bildet auch den Durchgang zur geräumigen Achterkabine. Den Ausbau selbst darf man durchaus als luxuriös bezeichnen. Es ist nicht die Absicht der Farr Pilothouse Yachten, in erster Linie durch traditionelle Holzarbeiten unter Deck zu überzeugen. Zwar ist hier fast alles mit Holz verkleidet, doch sind es hauptsächlich die großen, bündigen Furnierflächen, die mit einmal senkrechter und einmal waagrechter Maserung dem verwöhnten Auge keine rechte Entspannung gönnen wollen. Die Bemühungen um eine rationelle und effiziente Fertigung verbieten allzu aufwendige Holzarbeiten. Die Bodenbretter bestehen aus Sperrholz furniert mit Teak und Ahornstreifen. Sie ruhen auf stabilen Aluminiumträgern, die mit Winkeln in Stringer und Rumpf verschraubt sind. Der Ausbau der ersten fünf Farr Pilothouse Yachten wurde der schwedischen Werft Najad übertragen, doch mit dem Erfolg der Modelle hat BSI, eine britische Yachthandelsgesellschaft, nicht nur die Vermarktung, sondern auch die gesamte Produktion übernommen. Gebaut wird in Lysekil, einem Touristen- und Badeort an der wunderschönen schwedischen Westküste. Diese Gegend, ca. 80 km nördlich von Göteborg, ist manchen bekannt durch die 'via sacra' mit den bronzezeitlichen Felsritzungen von Sonnen- und Grabsymbolen. Andere, darunter wir Segler, kennen sie vermutlich besser auf Grund der vielen hier beheimateten Yachtwerften wie Hallberg Rassy, Najad oder Malö. Diese Werften und ihre durchaus soliden Yachten sind bei uns bereits gut bekannt. Nach meinem Besuch bei Boat Sales International, der schwedischen Werft der Pilothouse Yachten von Bruce Farr,

Die Vorschiffskabine der Farr 50. Die ausgeprägte Maserung der hier verwendeten Mahagoni-Furniere wechselt oft zwischen senkrecht und waagerecht.

Die Sitzgruppe im Pilothouse-Salon ist erhöht, um auch von hier gute Sicht nach draußen zu gewähren.

muss ich allerdings auch feststellen: Konzept und schnelle Linien bleiben die herausragendsten Qualitäten. In den sehr übersichtlichen Werfthallen sind etwa 50 Mitarbeiter beschäftigt. Wie in schwedischen Werften nicht unüblich, arbeiten einige als Subunternehmer oder Ein-Mann-Firma. Arbeiten wie zum Beispiel der Holzzuschnitt vieler Einzelteile werden außer Haus vergeben. Der Rumpf selbst entsteht zunächst in drei Teilen, nämlich den zwei Hälften und dem breiten Spiegel. Die Rumpfhälften werden als Sandwich im Handauflegeverfahren aus Isophthalsäure-Polyester hergestellt. Der Sandwichkern aus Divinycell-Schaum wird mit Hilfe einer Vakuumfolie eingeklebt. An den Rändern endet der Schaumkern, hier ist das Laminat massiv. Der Spiegel aus Massivlaminat ist ein separates Bauteil. Alle drei Teile liegen nun in ihren Formschalen. Als Nächstes werden die Formschalen mit starken Bolzen verbunden und die drei Bauteile an ihren Stößen nacheinander über eine Breite von ca. 60cm überlaminiert. Längsstringer und ein starker GFK-Bodengrill steifen den Rumpf aus. Das Deck ist ebenfalls ein Schaum-Sandwich mit hochfesten Schaumkernen in den Lastbereichen von Winschen und Genuaschienen. Das Teakdeck wird mit verdeckt in den Nuten liegenden Schrauben und Epoxi aufgeschraubt bzw. aufgeklebt. Dann werden die Nuten mit Polyurethanmasse vergossen. Interessant ist vielleicht auch, dass die großen, getönten Scheiben des Pilothouse aus laminiertem Glas mit moderner Klebetechnik in einem breiten GFK-Flansch des Aufbaus eingebettet und fixiert werden und man deshalb keine mechanischen Befestigungen sieht. Somit sind sie zwar bündig mit der Oberfläche, können aber leider nicht geöffnet werden.

Auf jeden Fall hat man mit einer Farr Pilothouse Yacht diese hervorragende Zwischenstation von draußen nach drinnen: Mit den Augen noch im Freien, doch vor den Elementen bereits geschützt, kann man sich des triefenden Ölzeugs entledigen, einen Blick auf die Karte werfen, sich in gutem Kontakt zum Cockpit ausstrecken und dösen. Und all das, ohne jemanden unter Deck zu stören. An meiner Schilderung lassen sich vermutlich die eigenen Prioritäten bereits erkennen. So wünschte ich mir ein etwas anderes Layout als im Pilothouse der Farr 50: Längskojen an beiden Seiten und einen wirklich großen Kartentisch. „Das ist kein Problem", versichert man mir, es koste nur extra. Das Pilothouse der Farr 50 dagegen ist normalerweise wie ein Salon aufgeteilt, damit man, auch zu mehreren am Tisch sitzend, die freie Rundumsicht im Hafen oder vor Anker genießen kann - bei schönem wie bei schlechtem Wetter. Darin liegt der zweite große Vorteil und Unterschied dieser Yacht.

Deutlich ist der Bereich entlang der Mittelschiffslinie zu erkennen, über den die beiden Rumpfhälften zusammengefügt und überlaminiert wurden.

Ein großer Kielstumpf und der Ballast in Form eines Flügelkiels sorgen für einen tiefen Schwerpunkt.

Jederzeit bereit ihre drei Segel auszurollen,
präsentiert die F50 ihr modernes Styling vor historischer Kulisse.

Technische Details

Boat Sales International
BSI Marine Sweden AB
Valbodalen
S-45322 Lysekil
Schweden
www.farr-pilothouseyachts.com

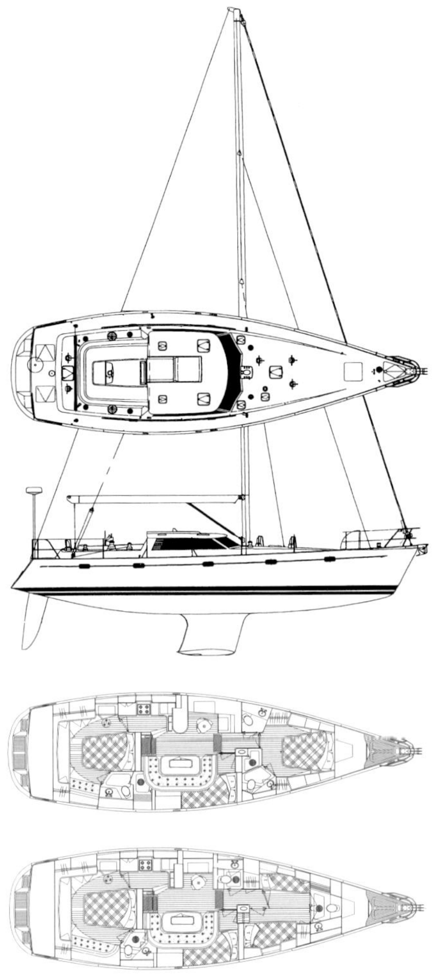

FARR 50

Design: Farr Yacht Design

Konstruktion: Iso-Polyester, Glas, Schaum-Sandwich

LOA:	15,38 m
LWL:	13,37 m
Breite:	4,70 m
Tiefgang:	2,30 m
Verdrängung:	17,0 t
Ballast:	6,0 t
Segelfläche (150% Genua):	159 m^2
Motor:	74KW Yanmar
Diesel:	750 Liter
Wasser:	520 Liter
Verdrängung / LWL:	198
Segelfläche / Verdr.:	24,5
Ballastverhältnis:	35,3 %
Preis:	ca. 750.000 €

Weitere Modelle: Farr 56, 60, 63

So mancher Segler träumt von einem Törn in die hohen Breiten und vielleicht sogar davon, einmal bis zum ewigen Eis zu segeln. Doch wer segelt im Winter mal über die Ostsee? Von der alten, langsamen und trostlos leeren Ostseefähre aus ist im Dezember natürlich kein Segler zu sehen. Der Wind kommt mit 15 bis 20 Knoten genau von achtern, und die dicken Schneeflocken stehen still in der Luft unter einem eiskalt-klaren Sternenhimmel. Das wäre doch mal ein Wetter für die Farr 50! Unter Spi und Autopilot! Es ist zwei Uhr nachts und nun schon ein paar Jahre her, als ich zuletzt den Zauber von Schneefall unter Segeln erleben durfte: Klamme Frostfinger und kalte Füße, ein eisig nasses Cockpit und die schmutzig graue See sind meine Erinnerungen - und leider kein geheiztes Pilothouse.

Hinckley

Sou'wester 42

Eine Yacht ist im eigentlichen Sinn ein Lust-und Luxusfahrzeug und unterscheidet sich damit von einem Arbeitsboot wie ein verwöhntes Vollblut von einem Ackergaul. Eine Yacht ist fein, edel, elegant, verziert, glänzend-poliert. Und ein 'Yachtsman' ebenso; zumindest in vergangenen Zeiten war er immer Gentleman, gebildet, vornehm, ein Mächtiger aus Industrie und Wirtschaft oder gar Aristokrat. Seine Yacht war immer eine Maßanferti-gung. - Heute, im Zeitalter von Serienyachten und Bootsmessen, Marinas und Massentourismus, wirken Hinckley Yachten wie die Aristokraten unter dem Volk ihrer Yacht-Zeitgenossen.

Die Rockefellers, Morgans und andere Millionäre der Ostküste machten Ende des 19. Jahrhunderts eine der über tausend Inseln im nördlichsten Bundesstaat Neuenglands zu ihrem idyllischen Sommerrefugium. Mount Desert Island in Maine wurde mit den neu errichteten Herrenhäusern zu einer Spielwiese der Highsociety, bis die Einführung der Einkommenssteuer und die große Depression die Stimmung trübten. Eine passende Vergangenheit für den Geburtsort einer Segelyacht, die sich mehr als alle anderen eines bewahrt hat: Eleganz.
Heute ist Mt. Desert Island während der Sommermonate von Touristen überlaufen, aber es sind sonnige Novembertage als ich hier bin, und so fällt es leichter, sich in alte Zeiten einzufühlen: Mit 14 Jahren auf einem Rahsegler rund Kap Hoorn angeheuert, mit 21 Kapitän auf ihm und bald darauf Reeder zu Zeiten des Goldrauschs. Wer zur richtigen Zeit am richtigen Ort war, wurde schnell ein 'well-to-do-man'. Das ist eine wahre Geschichte, der Urenkel dieses tüchtigen Glückspilzes ist mein geschätzter Bekannter T.T.IV, selbst erfahrener Segler und mein Gastgeber hier auf Mt. Desert Island. Auch noch als 1924 der erste Hinckley hier seine Sommerfrische suchte, herrschte auf der Insel der Geist des Entrepreneurs. In Southwest Harbor kaufte er ein Anwesen und bald darauf im Jahr 1928 eine kleine Bootswerft. Die Hinckley Familie war zuvor in der Industrie, im Bank- und Hotelwesen tätig gewesen und hatte gerade ihr Betätigungsfeld auf den Bootsbau ausgedehnt. Der Betrieb wurde dem 25-jährigen Sohn, Henry Rose Hinckley II, übertragen, der die Werft bis kurz vor seinem Tod 1980 verkörperte. Anfangs baute man Motorboote und erst ab 1938 Segelyachten nach Plänen von Sparkman&Stephens und Alden. Henry R. Hinckley hatte eine sehr genaue Vorstellung, was ein gut gebautes Boot von einem lausigen unterscheidet. Er war streng, doch innovativ, entwarf schon damals seine eigenen Bootsbeschläge und verstand es vor allem auch, die überlegene Qualität seinen Kunden zu vermitteln. So persönlich nahm er Qualitätskontrolle und Reputation seiner Werft, dass er es bis ins Alter nicht über sich brachte, einem anderen das Ruder zu überlassen.

Henry R. Hinckley II
(*1907 †1980)

Seine größte Innovationsbereitschaft zeigt sich sicherlich in der frühen Erkenntnis der Möglichkeiten und der folgerichtigen Umstellung auf einen seit den 40er Jahren neuen und vielversprechenden Werkstoff: GFK. Henry experimentierte mit Glasfasern und Harz und baute daraus kleine Dingis. Das war in den 50ern, und zu Ende jenes Jahrzehnts stand der erste 12 Meter Rumpf in seiner Halle. Die alteingesessenen und erfolgreichen Werften im traditionellen Holz-Bootsbau lehnten fast alle das neue Material kategorisch und geringschätzig als 'Plastik' ab. Gleichzeitig brachte GFK zahlreiche Glücksritter-Betriebe auf die Bildfläche, die sich ohne jegliche Erfahrung im Bootsbau versuchten und letztendlich nur dem Material einen schlechten Ruf bescherten. Anders bei Hinckley: Hier wollte man nie billigere, sondern bessere Boote bauen, und mit der Erfahrung einer der besten Holzbau-Werften überhaupt erhielten die Yachten nach wie vor einen wunderschönen Ausbau und auch viel Holz an Deck. Die erste GFK Yacht von Hinckley war die berühmte Bermuda 40, ein Design von Bill Tripp und eine Weiterentwicklung seiner Block Island 40. Über 200 dieser amerikanischen Klassiker mit Kielschwert und Yawlrigg wurden gebaut, und die letzte Auslieferung einer B 40 von der Hinckley Werft im Jahr 1991 machte sie zu der am längsten produzierten GFK-

Die Hinckley Sou'wester 42 in ihrer vollkommenen und schlichten Eleganz – eine echte Gentleman's Yacht.

Perfekte Ausführung, perfektes Finish – noble Zurückhaltung an Bord der SW 42

Yacht. Heute entstehen bei Hinckley Segelyachten von 42 bis 70 Fuß, die alle Sou'wester genannt werden. Zum einen, weil sie immer noch in dem Ort Southwest Harbor auf Mt. Desert Island gebaut werden, zum anderen, weil hier der vorherrschende Wind aus Süd-West kommt und dieser Gegend wiederum den Beinamen Downeast gab. Ein Downeaster wurde nämlich, wer am weitesten vor einem Südwester gesegelt war... Doch betrachten wir jetzt die Sou'wester 42 (und natürlich auch die 51/52) und versuchen wir, die erwähnte Eleganz näher zu ergründen und festzumachen.

Eleganz bei einer Yacht, so denke ich, erfordert Balance zwischen Einfachheit, einer Großzügigkeit im Sinne von Nicht-überladen-Sein, einerseits und luxuriöser, geschmackvoller Ausstattung andererseits, technisch sinnvoll und perfekt, mit kunstvollen Details. Ein gutes Beispiel für die vielen hervorragenden Details einer Sou'wester liefert bereits die Reling: Der Relingsdraht, wie er ohne Anstückelei in Bug und Heckkorb übergeht, die Relingsstützen, die jede ihren eigenen Platz auf einem kleinen, exakt gewinkelten Podest des Decks haben. Und natürlich muss hier der Bugbeschlag genannt werden: aus Edelstahl gegossen und tagelang poliert; er schließt bündig mit dem Rumpf ab und ist ein Lehrstück für perfekte Formvollendung. Er ist die 'Emely' einer Hinckley. Auch sieht man selten einen so harmonisch integrierten CQR Anker. Beschläge dieser Art darf man nun wirklich als die Juwelen einer Yacht bezeichnen, denn all diese Details sind wunderbare Einzelstücke, aber in der Summe werden sie auf einer Yacht zu noch mehr, so wie Schmuck am Körper einer schönen Frau mehr an Bedeutung erlangt als in einer Schatulle. Aber auch das Nicht-überladen-Sein ist für die Eleganz einer Yacht (wie auch für die einer Frau) gleichermaßen wichtig. Freie, großzügige Flächen an Deck und einfache Formen mit geraden, kantigen Linien wie im Aufbau oder an den Deckslūken, kann sich eine Hinckley dank ihres makellosen Finish leisten, ohne dabei grob zu wirken. Die Bullaugen und Fenster besitzen keine äußeren Rahmen und sind ein typisches Erkennungszeichen von Hinckley. Eine Sou'wester 42 kostet in der Standardausführung über 750.000$ und hat kein Teakdeck! Auch ich finde sie ohne dieses schöner, eleganter, ruhiger. Ein Pseudo-Statussymbol aus dünnen, aufgeklebten Teakleisten hat eine Hinckley jedenfalls am allerwenigsten nötig. Blickt man vom Cockpit übers Deck, dann spürt man geradezu die Qualität, und der Verzicht zu Gunsten des Einfachen ist Großzügigkeit und schließlich Souveränität.

Doch sucht man die Einfachheit nicht etwa, weil sie einfach zu erreichen ist, im Gegenteil: All die bündig abschließenden, perfekt integrierten Beschläge und rahmenlosen Fenster zum Beispiel sind technisch wesentlich aufwendiger und arbeitsintensiver zu verwirklichen. Zuguterletzt schmückt den am besten schwarz oder dunkelblau lackierten Rumpf ein Zierstreifen, Ziergöhl ist wohl der richtige Ausdruck, aus echtem Blattgold. Das Talaria-Symbol (Talaria: lat. Flügelschuhe) an seinen Enden stellt die kleinen Flügel dar,

Navigationsecke auf der Sou'wester 42

Elfenbeinweiß und Teak-Schwarz und Gold. Kaum eine Yacht, die an den Nimbus einer Hinckley Sou'wester heranreicht. Schön zu sehen die typischen rahmenlosen Fenster dieser SW 51.

wie man sie in manchen Abbildungen an den Füßen griechischer und römischer Götter etwa bei Hermes bzw. Merkur vorfindet. Sie deuten auf Schnelligkeit hin und sind standesgemäß Hinckleys Markenzeichen.

Der renommierte Designer Bruce King sagt über ästhetisches Yachtdesign: „Ich glaube, dass die Kurven und Flächen eines Designs beim Arrangieren gerichtet sein und einem Zweck dienen müssen. Spiralen, Splinekurven und konische Segmente implizieren Bewegung und Aufregung. Kreise, Bögen und gerade Linien tun dies nicht. Parallele Linien und flache Segmente sind sogar langweilig. Verdrehte, gewundene und gekrümmte Linien erzeugen Spannung. Die perfekte Balance zwischen sichtbarer Spannung und Zurückhaltung zu finden, ist die vielleicht schwierigste Aufgabe für einen Designer. Kurven und Geraden, rund und eckig, maskulin und feminin, sollten sich im Gleichgewicht befinden."

Auch unter Deck herrschen die gleichen Grundsätze. Ich denke, die Fotos demonstrieren die absolut perfekte Vollendung der Holzarbeiten sowie ihr gleichzeitig schlichtes und unendlich stilvolles Design. Der Raum unter Deck hat die Großzügigkeit eines alten amerikanischen Straßenkreuzers: Eine 42 Fuß Yacht mit nur einer Doppelkoje und einer Einzelkoje in der Standardausführung!

Unübertroffen ist das von Hinckley erzielte Finish, sowohl auf Holz als auch bei Rumpf und Deck. Achten Sie einmal auf die Reflexionen in einer glänzenden Fläche, während Sie im spitzen Winkel daraufschauen und langsam Ihren Standort ändern. Dunkle Flächen wie der typische Rumpf einer Hinckley ließen zudem jeden Fehler noch deutlicher erkennen, wäre denn da einer.

Salon einer Hinckley 51

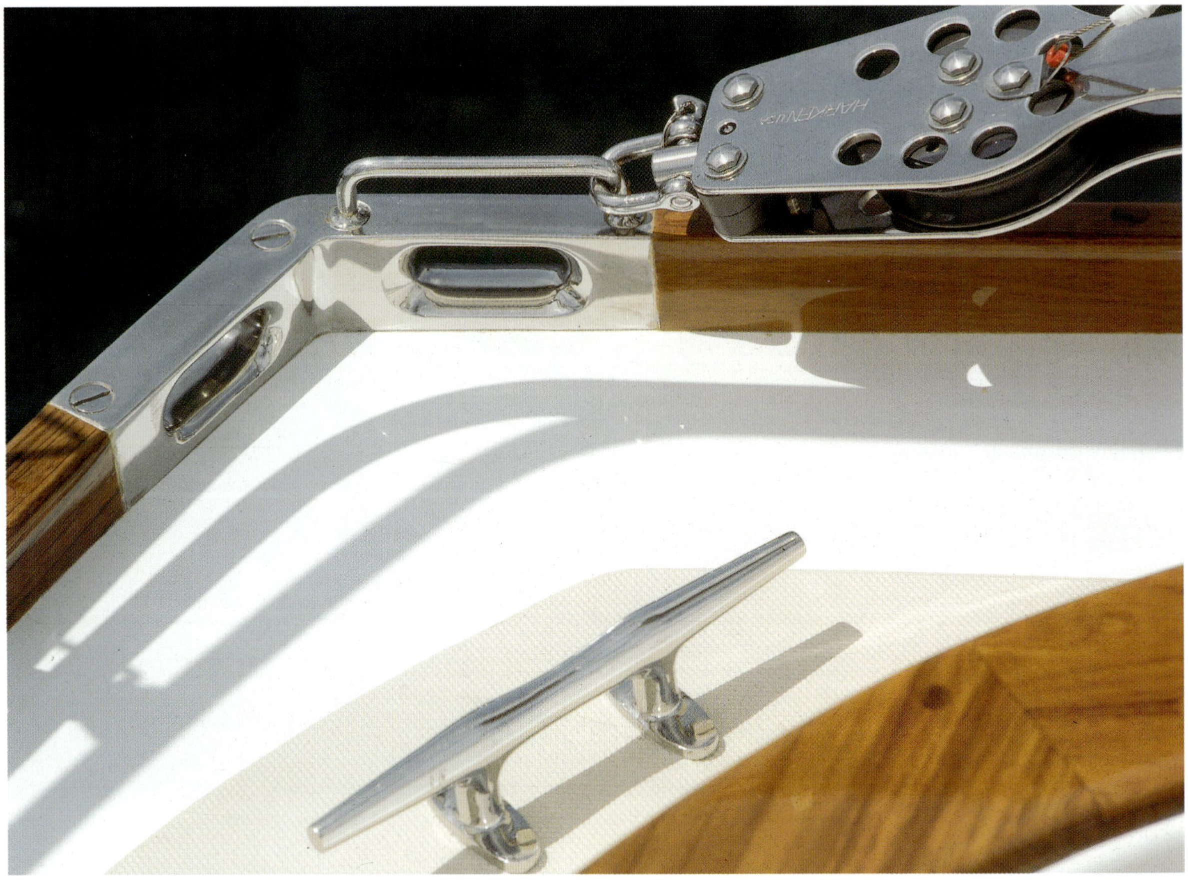

Die von Hinckley selbst gefertigten Beschläge sind die Juwelen ihrer Yachten. Man beachte auch das perfekte Finish des rutschfesten Decks.

Jede Relingsstütze steht auf ihrem eigenen Podest.

Der Bugbeschlag einer Sou'wester ist aus Edelstahl gegossen und wird ca. 80-100 Stunden lang (!) auf Hochglanz poliert. Er schließt bündig mit dem Rumpf ab.

Ahornstreifen sind mit Nut-und-Feder in die Bodenbretter aus Teak eingelassen.

Was lässt sich hier noch verbessern? Wirklich nichts mehr, außer den Kopf des Spis ein wenig näher ans Masttopp dieser Sou'wester 52 zu trimmen.

Wie wichtig ist das alles? Sicher braucht man weder Blattgold noch einen polierten Bugbeschlag, um das Segeln zu genießen, aber muss nicht eine Yacht als Lust- und Luxusfahrzeug über das Zweckdienliche hinausgehen, wie schon eingangs gesagt?

Die Sou'wester Yachten sind alle mit einem Kielschwert oder Festkielen verschiedenen Tiefgangs lieferbar. Ihr Design stammt aus dem Büro McCurdy&Rhodes. Die Linien erinnern an den klassisch amerikanischen Typ der etwas breiteren Kielschwertyacht. Die ultimativ traumhafte Hinckley 52 unterscheidet sich von der 51 vor allem durch einen negativen Spiegel und weiter nach achtern versetzte Mast- und Ruderpositionen. Rumpf und Deck sind bei allen Hinckley eine Sandwichkonstruktion und werden im SCRIMP-Verfahren mit Vinylester Harz gebaut. Beim Rumpf verstärkt Kevlar das Außenlaminat, während das Innenlaminat aus 100% Kohlefaser besteht! Auch beim Rigg ist Kohlefaser heute üblich. Wohin man auch in den Werfthallen von Hinckley blickt, überall sieht man Sorgfalt und eine wahre Hingabe zur Perfektion. Noch ein Beispiel: die Bodenbretter aus 'Teak und Holly'. Um diesen traditionellen Look zu erreichen, verwenden viele ein entsprechend furniertes Sperrholz, bessere Werften massive Teakplanken mit einfach dazwischengeklebten hellen Ahornstreifen. Bei Hinckley bestehen die Planken natürlich auch aus massivem Teak, die Ahornstreifen aber sind mit Nut und Feder seitlich in die Planken eingelassen - wieder einer der vielen unsichtbaren Qualitätsunterschiede.

Ebenso exklusiv wie die Yachten ist der Service, zu dem auch der eigene Versicherungsschutz von Hinckley gehört. Ob man in den entferntesten Gegenden der Welt ein Ersatzteil benötigt oder bei einer kleineren Änderung oder Reparatur am liebsten auf das eingeflogene Hinckley Team vertraut: als Kunde wird man immer professionell verwöhnt. Wenn irgend möglich schickt die Werft in solchen Fällen genau die Handwerker, die schon beim Bau der Yacht an der Stelle gearbeitet haben. Zudem weiß man, dass es diese ungeschriebene Garantie auf die Yachten gibt: Immer, auch wenn sie schon mehrmals den Besitzer gewechselt haben sollten, wird Hinckley stillschweigend für jeden eigenen Fehler aufkommen - wie gesagt, für immer! All das führt natürlich auch zu einem Spitzenplatz bei der Werterhaltung.

SCRIMP Vakuum Infusion. Hier wird mit einem empfindlichen Mikrofon nach kleinen Leckagen in der Vakuumfolie gesucht. Die Harzzuleitungen werden durch einfaches Abklemmen reguliert.

Seit 1989 produziert Hinckley, wie zu Anfangszeiten, auch wieder Motorboote. Insbesondere das 1994 eingeführte jetgetriebene Picnic-Boot ist ein anhaltender Verkaufserfolg. So musste die Werft erweitern und baut die Motoryachten in einem separaten Betrieb in Trenton, Maine. Allerdings zeigt das Picnic Boot die gleiche angesprochene Ästhetik und ist ein Entwurf von Bruce King, der auch das Deck der großen Sou'wester 70 gezeichnet hat. In den letzten Jahren baut Hinckley ein umfassendes Servicenetz, vor allem an der Ostküste der USA, aber auch international, aus. Mit neu akquirierten Werft- und Servicebetrieben, darunter die bekannte Little Harbor Werft in Rhode Island, hat Hinckley stark in den allgemeinen Reparatur- und Refit-Markt expandiert. Auch für große Refit-Projekte, wie das der J-Class Sloop 'Endeavour' ist man hier gerüstet, kann nun aber auch den zahlreichen Hinckley Eignern, die zwischen Maine und der Karibik unterwegs sind, mehrere Anlaufpunkte bieten. Inklusive der Servicebetriebe ist die Zahl der Beschäftigten auf ca. 700 gestiegen.

Und Nachteile? Gibt es überhaupt Nachteile bei einer Sou'wester? Das Einzige, das mir einfällt: diese Eleganz macht es einem fast unmöglich, das Heck mit einer Windfahnensteuerung, wie sie sich jeder Langstreckensegler wünscht, zu verunstalten. Man müsste eigentlich darauf verzichten - Noblesse oblige.

Technische Details

The Hinckley Company
130 Shore Road
Southwest Harbor, 04679 Maine
U.S.A.
www.hinckleyyachts.com

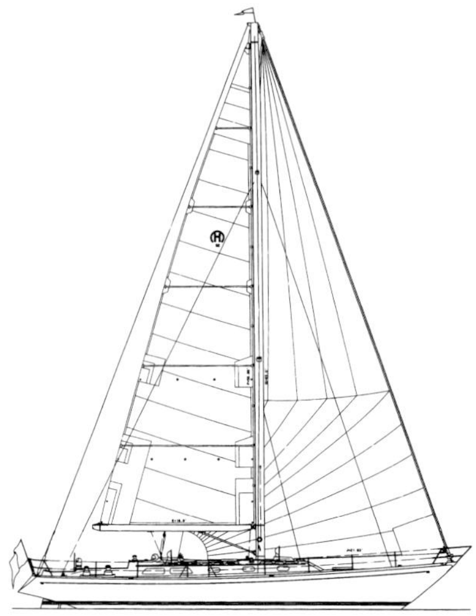

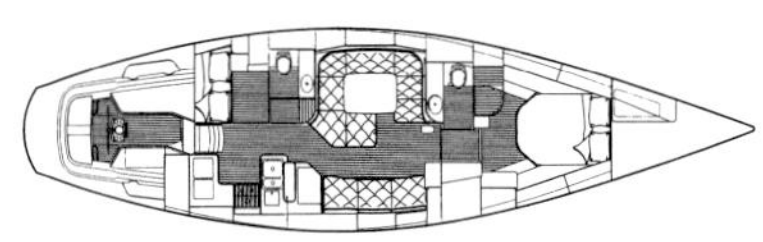

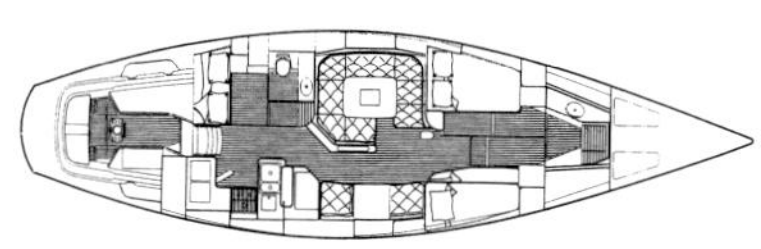

SOU'WESTER 51

Design: McCurdy&Rhodes

Konstruktion: SCRIMP Vakuuminfusion, Vinylester, Glas/Kevlar/Kohlefaser, Balsa-Sandwich

LOA:	15,62	m
LWL:	11,43	m
Breite:	4,27	m
Tiefgang Finnkiel:	2,83	m
Kielschwert:	1,79 / 3,35	m
Verdrängung:	17,69	t
Ballast:	6,62	t
Segelfläche:	104,8	m^2
Motor:	65 KW	Yanmar
Diesel:	379	Liter
Wasser:	833	Liter
Verdr./LWL:	330	
Segelfläche / Verdr.:	15,8	
Ballastverhältnis:	37,4	%
Basispreis je nach Layout ca.	1.102.000-1.152.000	$ US

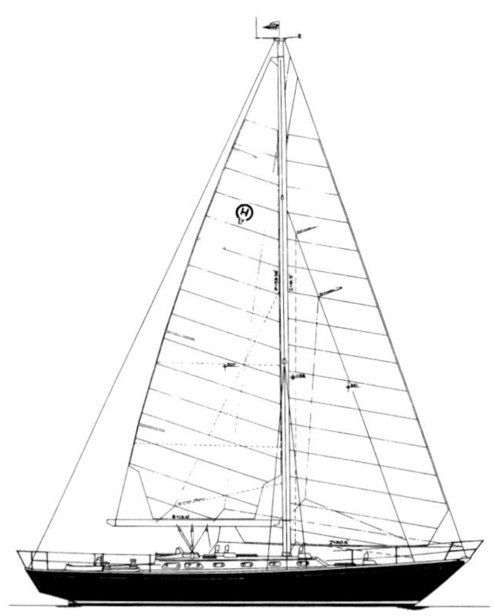

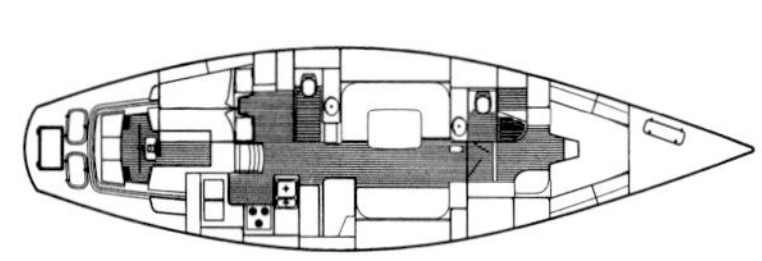

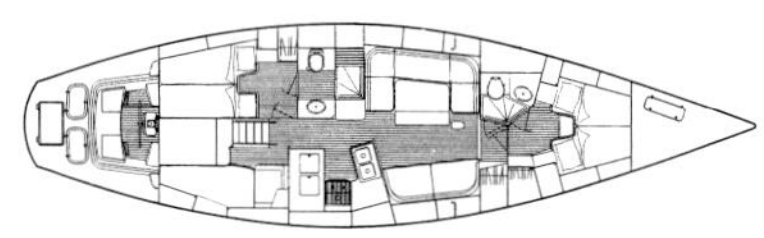

SOU'WESTER 52

Design: McCurdy&Rhodes

Konstruktion: SCRIMP Vakuuminfusion, Vinylester, Glas/Kevlar/Kohlefaser, Balsa-Sandwich

LOA:	15,68	m
LWL:	11,43	m
Breite:	4,27	m
Tiefgang Finnkiel:	2,44	m
Kielschwert:	1,79 / 3,35	m
Verdrängung:	17,69	t
Ballast:	6,62	t
Segelfläche:	113,4	m^2
Motor:	65 KW	Yanmar
Diesel:	454	Liter
Wasser:	757	Liter
Verdr./LWL:	330	
Segelfläche / Verdr.:	17,0	
Ballastverhältnis:	37,4	%
Basispreis je nach Layout ca.	1.102.000-1.152.000	$ US

SOU'WESTER 42 Mark II

Design: McCurdy&Rhodes

Konstruktion: SCRIMP Vakuuminfusion, Vinylester,
Glas/Kevlar/Kohlefaser, Balsa-Sandwich

LOA:	13,03	m
LWL:	9,53	m
Breite:	3,81	m
Tiefgang Finnkiel:	2,13	m
Kielschwert:	1,52 / 2,78	m
Verdrängung:	10,66	t
Ballast:	4,08	t
Segelfläche:	76,8	m^2
Motor:	37 KW	Yanmar
Diesel:	189	Liter
Wasser:	520	Liter
Verdr./LWL:	344	
Segelfläche / Verdr.:	16,1	
Ballastverhältnis:	38	%
Basispreis:	ca.750.000	$ US

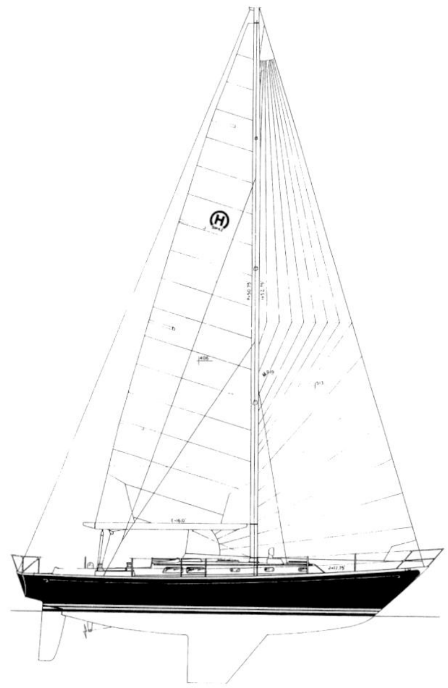

Weitere Modelle Sou'wester 59, 61, 70

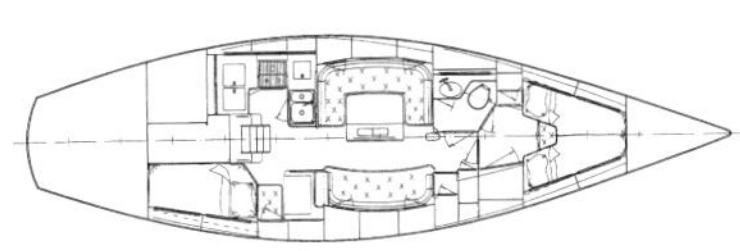

Nach dem Essen, es ist schon spät, gehen wir vom Restaurant zum dunklen Strand hinunter. Die Wellen plätschern leise in der geschützten Bucht. Alles was man braucht, haben wir in der Hosentasche: Kreditkarte und die Schlüssel vom Boot. Es ist eine dunkle Nacht; wir rudern langsam mit dem Dingi hinaus. Und da liegt sie, ruhig und allein auf der sanften Dünung sich wiegend, unnahbar, doch uns so vertraut, stolz und wunderschön. Die letzten zwei Tage und Nächte, bevor wir uns dieser Küste näherten, rauschten die Wogen ununterbrochen an ihrem dunklen Rumpf entlang, während wir die ungesehenen schwarzen Berge und Täler des Meeresbodens überquerten. Sie ist unser Verbündeter und Beschützer, und wir drehen eine Runde um sie, um die stille Begeisterung in uns noch länger auszukosten. Wer hier sein Boot nicht bewundern kann, macht alles falsch.

Hutting Yachts

Die Wahl des Baumaterials für den Rumpf einer Yacht ist sicher eine elementare Entscheidung. Während GFK, Aluminium, Stahl und Holz alle ganz spezifische Vorteile in sich vereinen, spielt die persönliche Vorliebe und die Vertrautheit des Eigners mit einem bestimmten Material oft die entscheidende Rolle. Denn ein pauschales Urteil, was nun das beste sei, lässt sich nicht treffen. Und so sind die holländischen Hutting Yachten ein schönes Beispiel für tadellos gebaute ' kleinere' Aluminiumyachten und den Erfolg ihrer Werft.

Mitte der siebziger Jahre segelte ein junger Mann namens Tjerk Hutting Regatten in der holländischen Jollenklasse Schrakel. Das sind karweel beplankte Holzboote, ungefähr 4 m lang. Als gelernter Bootsbauer hatte Tjerk seine Schrakel natürlich selbst gebaut. Erfolge auf der Regattabahn führten schon bald zu mehreren Aufträgen über weitere Neubauten dieses Typs, und so begann er in der Garage des Elternhauses als Ein-Mann-Betrieb Jollen zu bauen. „Am Anfang war es eine ganz primitive Werkstatt, im Winter war es ohne Heizung eiskalt, aber bei den geringen Unkosten war mein Umsatz auch mein Gewinn", schmunzelt Tjerk. Als nächster Schritt in seiner Karriere folgten Innenausbauten zweier 33 Fuß Yachten sowie der Ausbau einer von Dick Koopmans für die Weltumsegelung eines Kunden gezeichneten

Die Hutting 40 hat S-förmige Spanten und einen Langkiel.

Yacht. Tjerk Hutting war von dieser Yacht persönlich so begeistert, dass er den holländischen Designer für den Entwurf einer 40 Fuß Fahrtenyacht engagierte. „Ich kenne keinen Yachtdesigner, der selbst mehr Langfahrterfahrungen gesammelt hat als Dick Koopmans. Er weiß wirklich, was sich bewährt hat und was nicht." Zusammen mit Tjerks eigenen Erfahrungen und Vorstellungen entstand die erste Hutting 40. Er baute sie ohne Auftrag für sich selbst - der klassische Anfang eines überzeugten Werftgründers. Aufträge ließen nicht allzulange auf sich warten. Die ersten vier Hutting 40 waren noch aus Stahl, dann wurde auf Aluminium umgestellt. Sein mittlerweile angewachsener Betrieb zog 1993 nach Makkum um.

Makkum ist eine kleine Stadt im Norden des IJsselmeeres und ist bis heute die Heimat der Hutting Yachten. Tjerk Hutting gibt ihnen mit bestem Gewissen seinen eigenen Namen, denn er baut sie immer noch mit all der Sorgfalt und Hingabe, wie für sich selbst. Drei bis vier Yachten pro Jahr werden heute in seiner Werft fertiggestellt. Tjerk: „Ich wollte nie eine große Werft mit Massenproduktion leiten, lieber baue ich in kleinen Stückzahlen und so, wie ich es für richtig halte und habe dabei noch Zeit für meine Familie - ich habe fünf Kinder und will mein Leben schließlich genießen!"

Hutting Yachten sind Langfahrtschiffe und, so Tjerk: „Was ist das Wichtigste auf einer Yacht auf hoher See? Richtig, ein solider Rumpf kommt wirklich vor allen anderen Dingen. Aus diesem Grund bauen wir alle unsere Yachten aus Aluminium. GFK ist zwar ein hervorragendes Bootsbaumaterial, aber bei Punktbelastungen wie z.B. bei einer Kollision mit Treibgut oder Untiefen, ist Alu einfach weit überlegen." Tjerk hat sicher Recht. Auch wenn man vakuumlaminierte und mit Aramidfasern verstärkte GFK Rümpfe ins Feld führen könnte, sind die Rümpfe seiner Huttings in ihrer Solidität über jeden Zweifel erhaben. Holland bietet die wohl beste Infrastruktur für Aluminiumyachtbau in der ganzen Welt. Im Umkreis von nur wenigen Kilometern von Makkum ist alles an Zulieferern, Spezialbetrieben und Know-how vorhanden, was zur Fertigstellung eines perfekten Alu-Rundspantrumpfes benötigt wird. So werden die Rümpfe auch außer Haus bei renommierten Herstellern wie Bloemsma oder Folmer gefertigt. „Nur ein Betrieb, der sich spezialisiert hat und nichts anderes macht als Aluminiumkaskos, kann wirtschaftlich arbeiten und gleichbleibende, perfekte Qualität abliefern." Die Rümpfe werden in der Querspantbauweise kieloben gebaut, das heißt, die Spanten werden als erstes aufgestellt, danach kommen die Stringer und schließlich die Außenhaut, die erst von innen, dann von außen geschweißt wird. Natürlich wird nur seewasserbeständiges Aluminium wie AlMg 4.5 verwen-

So segelt man ohne Spinnaker vor achterlichem Wind. Diese Hutting 40 hat ihren Yankee nach Luv ausgebaumt, den Niederholer durchgesetzt und das Groß bauchig getrimmt.

Die Hutting 47 ist die große Schwester der 40. Sie hat ebenfalls einen Langkiel mit Schwert.

det. Alle Rümpfe werden von Holland Register geprüft. Unmittelbar bevor unter Aufsicht der Experten von 'International' die erste Schicht Primer aufgetragen wird, wird innen und außen sandgestrahlt. Das machen nur wenige Werften so, aber es ist eine sehr gründliche Methode, die Oxydschicht auf der Oberfläche des Aluminiums zu entfernen. Dann beginnt man mit dem Ausbau der Rümpfe in den modernen Werfthallen von Hutting Yachts.

Die Hutting 40 und 47 verkörpern ein bewährtes Konzept einer Fahrtenyacht. Sie haben einen Langkiel mit geringem Tiefgang, S-förmige Spanten und einen hohen Ballastanteil. Ruder und Propeller sind durch den Langkiel perfekt geschützt. Auf See lassen sie sich gut beidrehen und sind vor dem Wind gutmütig zu steuern, da sie bei leichtem Gieren, also beim Abweichen vom Kurs, über keinen tiefen Kiel krängen oder 'stolpern' können. Der tiefere Vorfuß des Langkielers setzt weich in die Wellen ein. Für Amwindkurse hat die 47 ein profiliertes Schwert, während die 40 wahlweise mit 1,60m Tiefgang oder als Schwertversion mit nur 1,35m angeboten wird. Weitere Vorteile sind natürlich, leichter trockenfallen zu können und Flachwasserreviere oder kleine Häfen anlaufen zu können - ein oft unterschätzter Vorteil auf Langfahrt. So wie die 40 und 47 sind auch die 45 und 48 von Dick Koopmans gezeichnet, allerdings haben sie keine S-Spanten, sondern einen tiefen Finnkiel. Das Ruder ist hier durch einen starken Skeg geschützt. Bei diesen Modellen liegt die Betonung also etwas mehr auf Performance, vor allem an der Kreuz.

Über der Wasserlinie ist die Hutting 40 etwas hochbordig, um unter das schöne Flushdeck ausreichend Stehhöhe zu bekommen. Mittschiffs fallen die Bordwände durch relativ wenig Flare (Zunahme der Breite von der WL aufwärts) auf, sie wirken daher bei der 40 etwas senkrecht.

Hutting 45

Der niedrige Aufbau harmoniert aber sehr gut mit den kräftigen Rumpflinien und vermittelt schon optisch den Eindruck von Stärke. Das neueste Modell, die Hutting 48 ist mit ihrem schön geformten, positiven Spiegel eine wirklich elegante Traumyacht. Ist nicht solch ein schmales Heck für das Auge viel ansprechender als die breiten Hintern 'moderner' Yachten? Mit Sicherheit, denke ich. Im Cockpit der Hutting 48 gibt es viel lackiertes Mahagoni in zum Teil aufwendigen Rundungen zu bewundern. Diese Rundungen bestehen dort, wo sich das Cockpit auf Höhe des Steuerrades verbreitert, aus sechs Millimeter starkem Massivholz. Es wurde durch die alte Kunst des Dämpfens in die gewünschte Form gebracht. Bei allen Modellen dient ein umlaufender Süllrand als Fußreling. Das sieht nicht nur gut aus, sondern gibt auch sicheren Halt an Deck. Auf diesem Süll sind die Klampen oben aufgesetzt. Es werden also keine Festmacher umgelenkt, die beim Dichtkommen schamfielen und bei etwas Schwell im Hafen auch die Nachtruhe stören können.

Eine gut gebaute Yacht aus Aluminium ist enorm stark, und es gibt eigentlich keinen Grund, warum sie nach hundert Jahren nicht noch genauso stark sein sollte wie bei ihrem Stapellauf, vorausgesetzt, es gibt keine Probleme mit galvanischer Korrosion! Um solche Probleme zu verhindern, ist es erforderlich, dass das relativ unedle Aluminium überall dort, wo Seewasser hingelangen kann, von allen in der galvanischen Spannungsreihe höher liegenden Metallen, z.B. Edelstahl, elektrisch isoliert ist. Soweit wie möglich befindet sich Kunststoff zwischen den unterschiedlichen Metallen wie in etwa bei den Relingsstützen. Unterwasser schützen große Opferanoden den Rumpf vor der Edelstahlwelle und vor dem Bronzepropeller. Diese Zinkanoden sind in Ausnehmungen in den Rumpf eingelassen und schließen bündig mit der Oberfläche ab. Alle Seeventile müssen aus demselben

Die ebenso starke wie elegante Hutting 48 macht einfach alles richtig: Ein Vertrauen erweckender, solider Rumpf aus Aluminium mit einem klassischen schmalen Heck und positivem Spiegel, ein kurzer und niedriger Aufbau sowie das vielseitige Kutterrigg mit hochgeschnittenem Yankee für gute Sicht nach vorn sind nur einige der Punkte, die sie einen Fahrtensegler auf seiner Wunschliste abhaken lässt.

Das Cockpit der Hutting 48 ist auf Höhe des Steuerrades mit aufwendigen Rundungen verbreitert. Die Großschot wird verdeckt auf die achterne Backbordwinsch geleitet. Zwischen Steuersäule und Travellerschiene lässt sich eine Klappe öffnen, unter welcher Motorinstrumente abgelesen werden können.

Grund aus Kunststoff sein. Zwischen den Aluminium-Püttingen und den Wantenspannern kann man aufgrund der hohen Zugkräfte keinen Kunststoff als Isolator verwenden, hier werden die Püttinge anodisiert und es wird eine Edelstahlbuchse eingepresst, eine saubere Lösung. Ein Teakdeck sollte auf einer Aluyacht nie von oben verschraubt werden, da immer die Gefahr besteht, dass Feuchtigkeit durch die Pfropfen an die Schrauben gelangen kann und dort Korrosion entsteht. Bei Hutting ist das 17mm starke Teakdeck geklebt, und nur da, wo es für die Verlegung nötig ist, von innen angeschraubt. Bei allen Modellen ist der Aufbau und das Cockpit aus starkem Epoxi/Sperrholz mit Glasgewebe überzogen. Das verhindert die Korrosionsprobleme bei der Befestigung der vielen Beschläge in diesem Bereich. Zudem bietet diese Konstruktion gute Wärme- und Schallisolation und hilft, den Schwerpunkt tief zu halten.

Der perfekt geschweißte Aluminiumrumpf weist nur minimalste Unebenheiten auf und wird nur über der Wasserlinie mit Epoxi gespachtelt. Innen besteht die thermische Isolierung aus 20mm starken geschlossenzelligen Schaummatten. Eine sehr schöne technische Lösung ist auch die in einem Ölbad gelagerte Welle. Das ist sonst nur auf größeren Schiffen üblich. Diese Installation ist praktisch wartungsfrei und äußerst langlebig; der Ölpegel kann vom Maschinenraum aus kontrolliert werden. Die Schubkräfte des Propellers werden nicht

Edelstahl und Aluminium dürfen nirgends elektrisch leitend miteinander verbunden werden. Hier erkennt man eine Kunststoffbuchse als Isolator zwischen dem Edelstahlrohr des Bugkorbs und dem Fußbeschlag aus Alu.

Die Aluminiumrümpfe sind perfekt geschweißt. Nur sehr wenig Spachtelmasse ist nötig, um einen tadellosen Strak und anschließend eine schöne Hochglanz-Lackierung zu erzielen.

über die Motorfundamente auf die Yacht übertragen, sondern von einem flexiblen Wellenlager aufgenommen. Hier wurde wirklich nicht gespart. Es gibt auch zwei parallele Dieselfilter. Sollte es bei der Dieselzufuhr im ersten Filter zu einer Verstopfung kommen, kann man während der Motor läuft auf den zweiten Filter umschalten und den ersten in aller Ruhe reinigen. Eigentlich sollte jede Fahrtenyacht so ausgerüstet sein, aber wie viele sind es?

Kommen wir zum Rigg: Auch hier erkennt man viel praktische Erfahrung, die in die Hutting Yachten eingeflossen ist. So ist vor allem sehr wichtig, den Segelplan effektiv und schrittweise verkleinern zu können. Das Kutterrigg bietet genau diese Vorzüge. Ist man bei einem zweifach gerefften Groß und voller Stagfock angelangt, dann hat man einen tiefen und nahe am Mast gelegenen Segeldruckpunkt auf einem ausbalancierten Boot und ist bestens gerüstet für eine Mütze voll Wind. Die Fock am Kutterstag kann dicht innenbords geschotet werden und bringt viel mehr Vortrieb bei weniger Krängung als eine entsprechend weggerollte Genua. Tjerk ist auch nur zuzustimmen, wenn er seinen Kunden zu einem konventionell zu reffenden Groß rät. Bei effektiver Führung der Reffleinen ist daran nichts schwierig, und man ist von keiner Rollmechanik abhängig. Einfach, bewährt, leicht zu kontrollieren und zu reparieren, das müssen die Grundsätze auf einer Fahrtenyacht bleiben. Das Kutterrigg mit Yankee und Stagfock hat, abgesehen von der schönen Optik, natürlich noch den Vorteil, dass man unter dem hochgeschnittenen Yankee auch bei Krängung gute Sicht nach vorn hat und Wellen nicht so leicht in das Vorsegel schlagen können. Über Rodrigging als Standard könnte man ja noch mal nachdenken.

Hutting Yachten haben anstelle von Stopfbuchsen eine völlig wartungsfrei in einem Ölbad gelagerte Welle. Darüber ist die runde Aussparung für eine bündig abschließende Zinkanode zu sehen.

Hutting baut semi-custom Yachten. Die Werft ist international noch nicht sehr bekannt, die Kunden stammen überwiegend aus Holland und Deutschland. Sie sind in der Regel bereits erfahrene Yachteigner, die genau wissen, wie sie sich ihre Traumyacht vorstellen. Der Innenausbau kann selbstverständlich ganz nach Eignerwunsch erfolgen, aber auch bei der Gestaltung über Deck ist die Werft sehr flexibel, so gibt es Versionen mit Pilothouse und auch mit Mittelcockpit. Die meisten werden jedoch in der abgebildeten, klassischen Ausführung geordert. Das Standardlayout unter Deck ist ebenfalls bewährt, besonders schön ist die einladende Doppelkoje gleich vor dem Hauptschott. Hier fühlt man sich von den Bewegungen, aber vor allem auch vom Raumgefühl her viel wohler als in einer V-Koje vorne im Bug.

Für welche Holzart und welchen Stil man sich auch entscheidet, die Ausführung ist immer auf erstklassigem Niveau. Der simple Hobel als Symbol von Hutting deutet auf den Stolz der Werft für ihr handwerkliches Können und ihre exklusiven Holzarbeiten hin.

Ein aufwendig in Holz gefasstes Waschbecken mit schönen Armaturen in der Vorschiffskabine einer Hutting 48.

Blick in die Hutting 48. Die Lotsenkoje lässt sich auf die richtige Breite ausziehen. Besonders schön sind auch die massiven Bodenbretter, deren starke Drehverschlüsse mit einem kleinen Vierkantschlüssel zu öffnen und schließen sind.

Technische Details

Hutting Yachts
Stienplaat 3
Postbus 75
8754 Makkum
Holland
www.hutting.nl

HUTTING 40

Design: Dick Koopmans / Tjerk Hutting

Konstruktion: Rumpf und Deck Aluminium, Aufbau Holz-Epoxi

LOA:	12,10 m
LWL:	10,10 m
Breite:	3,60 m
Tiefgang:	1,60 m
Tiefgang Schwertversion:	1,35/2,47 m
Verdrängung:	13,40 t
Verdrängung Schwertversion:	13.80 t
Ballast:	6,80 t
Ballast Schwertversion:	7,00 t
Segelfläche (Fock + Klüver):	98,1 m²
Motor:	38 KW Yanmar
Diesel:	500 Liter
Wasser:	460 Liter
Verdr./LWL:	362
Schwertversion:	373
Segelfläche/ Verdr.:	17,7
Schwertversion:	17,3
Ballastverhältnis (beide):	51 %
Preis:	360.000 €
Schwertversion	380.000 €

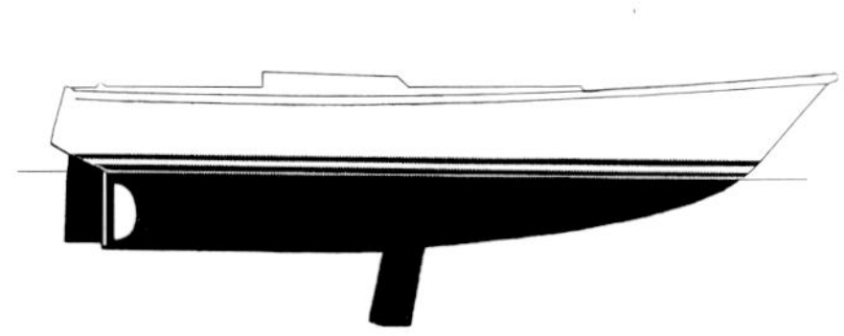

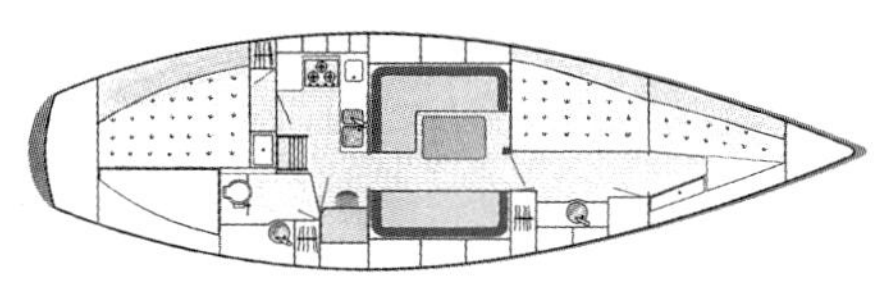

HUTTING 45

Design: Dick Koopmans / Tjerk Hutting

Konstruktion: Rumpf und Deck Aluminium, Aufbau Holz-Epoxi

LOA:	13,70 m
LWL:	11,10 m
Breite:	4,05 m
Tiefgang Finnkiel:	2,30 m
Tiefgang Wulstkiel:	1,90 m
Verdrängung:	13,40 t
Ballast:	5,20 t
Segelfläche: (Fock + Klüver)	121,0 m²
Motor:	56 KW Yanmar
Diesel:	640 Liter
Wasser:	750 Liter
Verdr./LWL:	273
Segelfläche/Verdr.:	21,8
Ballastverhältnis:	39 %
Preis:	610.000 €

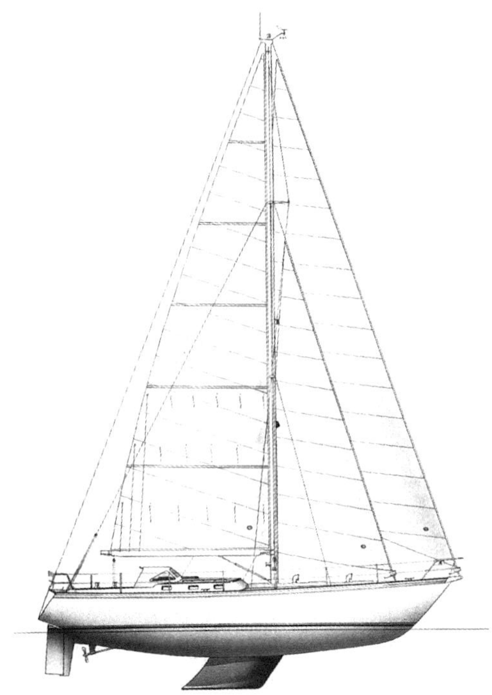

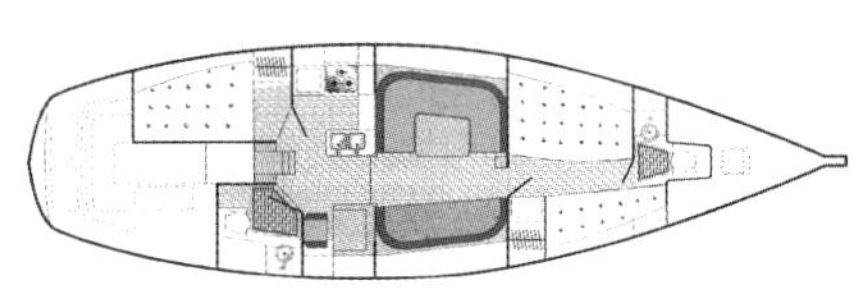

HUTTING 47

Design: Dick Koopmans / Tjerk Hutting

Konstruktion: Rumpf und Deck Aluminium,
Aufbau Holz-Epoxi

LOA:	14,40 m
LWL:	12,10 m
Breite:	4,25 m
Tiefgang:	1,26/2,60 m
Verdrängung:	14,60 t
Ballast:	6,00 t
Segelfläche: (Fock + Klüver)	123,8 m^2
Motor:	60KW Perkins
Diesel:	645 Liter
Wasser:	640 Liter
Verdr./LWL:	229
Segelfläche/Verdr.:	21,0
Ballastverhältnis:	41 %
Preis:	680.000 €

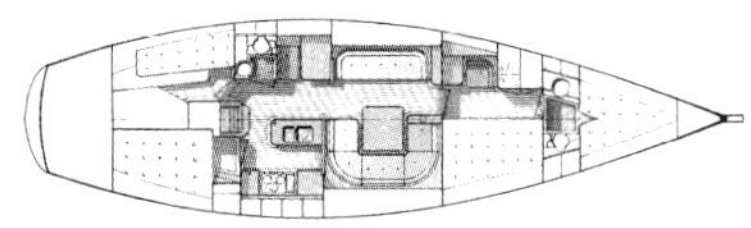

HUTTING 48

Design: Dick Koopmans / Tjerk Hutting

Konstruktion: Rumpf und Deck Aluminium,
Aufbau Holz-Epoxi

LOA:	14,68 m
LWL:	11,20 m
Breite:	4,05 m
Tiefgang Finnkiel:	2,30 m
Wulstkiel:	1,90 m
Verdrängung:	13,40 t
Ballast:	6,00 t
Segelfläche: (Fock + Klüver)	127 m^2
Motor:	55 KW Yanmar
Diesel:	600 Liter
Wasser:	600 Liter
Verdr./LWL:	266
Segelfläche/Verdr.:	22,9
Ballastverhältnis:	44,8 %
Preis:	795.000 €

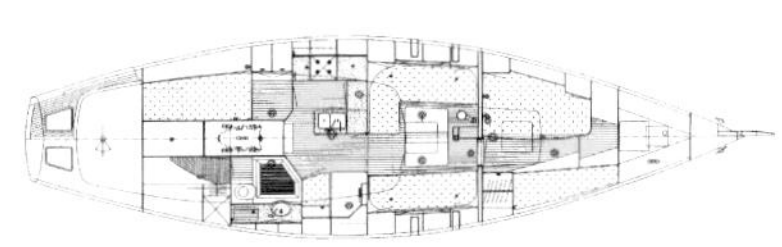

Vor meinem geistigen Auge sehe ich (m)eine stolze Hutting 48 einen Tag mit Schneeregen in einem winzigen, einsamen Hafen weit im Norden abwettern. Wenn man die Unwirtlichkeit der Umgebung vom Cockpit aus betrachtet und dann durch den Spalt im Niedergang in die Wärme und den Komfort unter Deck blickt, verspürt man ein fast übermütiges Hochgefühl und kann nicht umhin, still zu lächeln. Das Wetter für die morgige Etappe verspricht Sonnenschein, halben Wind von etwa 6 Bft und noch vereinzelte Felder von Treibeis auf See...

J Boats

J/145

Eine Umfrage unter Yachtseglern nach ihrer höchsten, je unter Segeln erzielten Geschwindigkeit dürfte in den meisten Fällen Werte etwas über der Rumpfgeschwindigkeit (2,43 mal Wurzel aus LWL) ergeben. Längeres Surfen oder vollständiges Gleiten kennt man nur auf Rennyachten bzw. Gleitjollen. Abgesehen von geeigneten Konstruktionsmerkmalen erfordern höhere Geschwindigkeiten auch Spinnakermanöver, die auf einer Yacht bei kräftigem Wind viele Crews zahlenmäßig und an Erfahrung überfordern. Schade, denn leider haben Yachtkonstrukteure allzuoft große Crews und Vermessungsformeln im Kopf und nicht unbedingt eine einfache Bedienung, wenn es um atemberaubende Speed geht. Anders bei J Boats, deren typischer Eigner schon mit doppelter Rumpfgeschwindigkeit Bekanntschaft gemacht haben dürfte, dank dem riesigen asymmetrischen Spinnaker mit langem Unterliek, der an einem ausfahrbaren Bugspriet vom Cockpit aus gesetzt wird.

Die schnellste J, die J/145, mit über 8 Knoten hoch am Wind.

Der amerikanische Traum vom Unternehmer, der von seiner Garage aus die Welt erobert, beginnt 1975 - nein, nicht Bill Gates ist gemeint, sondern Rod Johnstone und seine Garage in Stonington, Connecticut. Nach dem Abschluss eines Fernkurses in Yachtdesign baut Rod hier sein erstes Boot. 24 Fuß lang und so breit wie möglich, um gerade noch aus dem Garagentor zu kommen. Die gesamte Familie wird zusammengetrommelt, um den Rumpf anzuheben, während er den Kiel darunterbolzt. Doch soll hier keineswegs der Eindruck eines Dilettanten entstehen, vielmehr der eines Mannes mit Begeisterung und Überzeugung. Als Regattasegler wusste Rod, was er wollte, und mit seiner *'Ragtime'* hatte er genau ins Schwarze getroffen. Mit ihr gewann er auf Anhieb die wichtigsten Regatten der folgenden Saison. Fortan hieß sein Design J/24 und wurde schließlich mit mehr als 5300 bis heute gebauten Einheiten das am weitesten verbreitete Kielboot und ein echter Welterfolg. An die 30 verschiedene J Boat-Modelle von 22 bis 53 Fuß folgten in den nächsten 25 Jahren. Und jedes Jahr wurde die Liste der Auszeichnungen und Erfolge Rod Johnstones sowie die der Siege seiner Yachten länger. Sie allein würde Seiten füllen. Einen wichtigen Anteil am Erfolg hat auch Rods Bruder und Firmengründungspartner Bob Johnstone. Neben seiner Erfahrung im Marketing stellte Bob damals auch das Startkapital von 20.000 $ zur Verfügung. Das war 1977 - heute, nach über 10.000 verkauften J Boats und der Einführung von fünf erfolgreichen Einheitsklassen, haben die Johnstone Brüder das Management auf ihre fünf Söhne übertragen.

Für die Produktion der Boote wurde von Anfang an Everett Pearson, der 'Mr. Fiberglass' und Inhaber der Firma TPI Composites gewonnen. J Boats werden von unterschiedlichen Lizenzbetrieben in mehreren Ländern gebaut, doch die größeren Yachten entstehen bei TPI. Es ist eine kurze Autofahrt vom amerikanischen Segelzentrum Newport in Rhode Island, dem Hauptsitz von J Boats, über die schöne Mt. Hope Brücke zu

Die J/46 aus der Reihe der Fahrtensegler-Modelle ohne Bugspriet. Auch das ist möglich: Eine schöne Yacht ohne ein Stück Holz an Deck.

Der große Salon der J/46 ist in Kirschholz ausgebaut. Gut gefallen unter anderem die hohe Einfassung der Arbeitsflächen in der Galley sowie oben und unten runde Türrahmen.

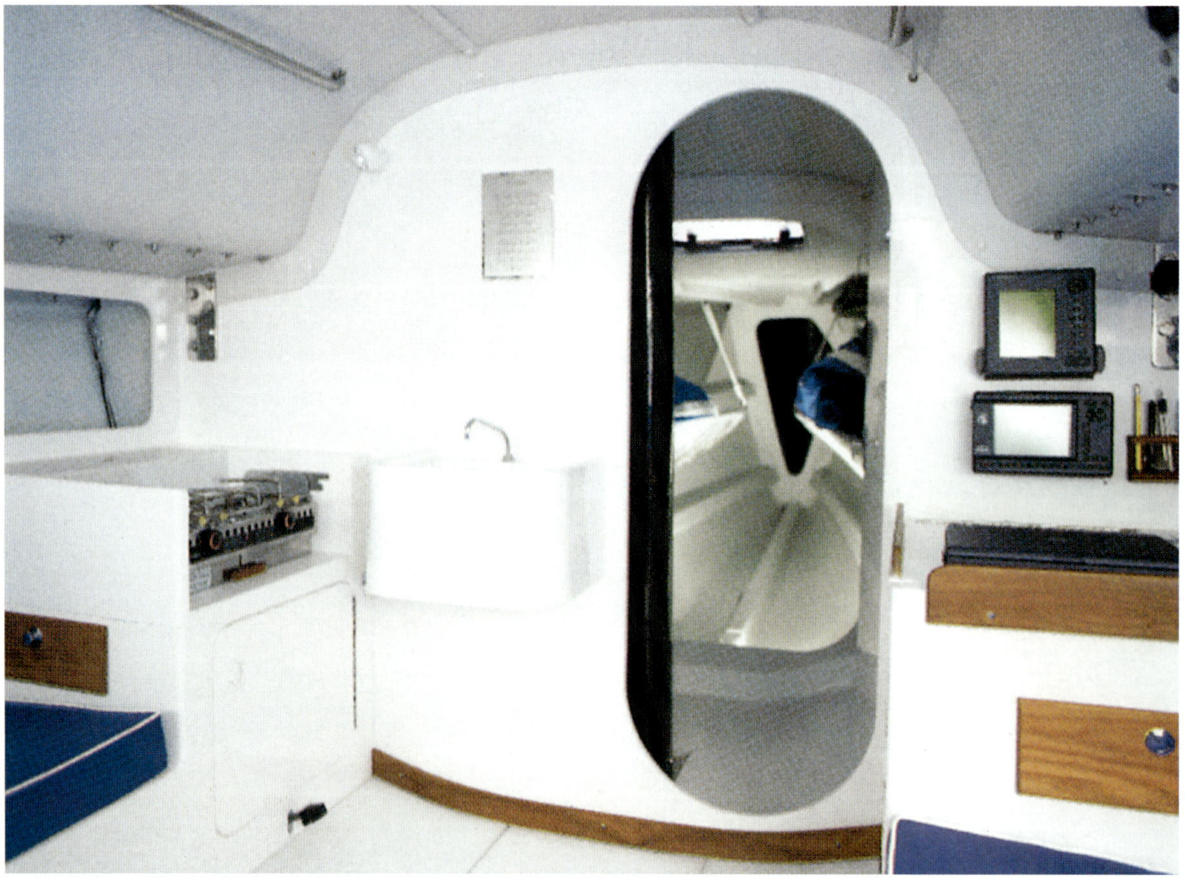

Der Innenraum der J/125 ist aus Gewichtsgründen spartanisch, doch dem 'Traum-Dayboat' trotzdem angemessen.

Salon der J/45. Vor dem Hauptschott hat Gewicht nichts mehr verloren. Der Bugbereich mit Nasszelle und Segellast ist daher standardmäßig nicht mit Holz ausgebaut.

Die Nav-Ecke an Bord einer J/145. An dem starken Handlauf über Kopf und vor allem durch die angenehme Ellbogenfreiheit auch auf der rechten Seite kann man sich hier in rauem Wetter gut festhalten.

Dieser Rumpf einer J ist für die SCRIMP Vakuum-Infusion vorbereitet. Das Harz wird ausgehend vom Kiel durch die Spiralen entlang den schwarzen 'Linien' zugeleitet.

Tillotson Pearson Inc. TPI ist einer der ältesten und immer noch führenden Betriebe in der GFK Technologie. Neben dem Marinesektor mit der Produktion für J Boats, Alerion, Pearson Yachts, früher auch für Freedom und Alden, sowie für weitere Marken, baut Everett Pearson auch anspruchsvolle Composit-Teile für die Industrie. Dazu zählen heute vor allem große Rotorblätter für Windkraftwerke. TPI ist Patentinhaber für das schon mehrfach erwähnte SCRIMP-Verfahren und verkauft Lizenzen an Betriebe in aller Welt. Natürlich kommt dieses Verfahren auch bei den Rümpfen, Decks und Schotten der J Boats zur Anwendung.

Jim Johnstone im Labor bei TPI. In der Ecke erkennt man den geheizten Drucktank, in dem an zahlreichen GFK-Teststücken die Auswirkungen von Jahren unter Wasser simuliert werden.

Ein Besuch bei TPI aber beginnt im Labor- und Testraum. Hier sieht man hunderte kleiner gleichgeformter GFK-Teile, gefertigt mit verschiedenen Harzen, Fasern und Methoden. Alle werden bis zur Zerreißprobe genauestens auf ihre mechanischen Eigenschaften getestet. Interessant ist auch ein Druckwassertank, in dem Alterungsprozesse und Bläschenbildung untersucht werden. Mehrere Laminat- und Gelcoatproben werden hier sechs Monate lang unter Druck einer Wassertemperatur von 65°C ausgesetzt. Das simuliert etwa drei Jahre im Meer. Bei J Boats verwendet man eine Vinylester Feinschicht hinter dem Gelcoat und kann auf Grund der Tests schon seit 1988 eine Garantie gegen Osmose von 10 Jahren geben. Gelcoat? Feinschicht? Wie passt das zusammen mit SCRIMP? Folgen wir Jim Johnstone in die Fertigungshallen und lassen ihn erklären: „Als erstes sprühen wir Gelcoat in die Form, danach sprühen wir mit einer Faserspritzpistole die Feinschicht aus Vinylesterharz auf, das ist unsere Schutzschicht gegen Osmose. Da kein Harz absolut wasserdicht ist, wünscht man sich in der Feinschicht ausnahmsweise einen hohen Harzgehalt für die geringstmögliche Durchlässigkeit. Das alles härtet aus und wird dann angeschliffen. Jetzt werden das Außenlaminat, der Sandwichkern aus Balsahirnholz und das Innenlaminat trocken eingelegt. Gegebenenfalls werden sie mit einem speziellen Sprühkleber fixiert und alles vorbereitet für die SCRIMP-Infusion, bei der wir Polyesterharz verwenden. Da Polyester und Vinylester farblich verschieden sind, kann man bei späteren Rumpfschäden durch Kollission etc. genau erkennen, ob der Schaden durch die Schutzschicht geht oder nicht; ansonsten fällt die Entscheidung zugunsten von Polyester natürlich auch aus Preisgründen. Eine Ausnahme bilden die J/125, die mit Epoxi und Kohlefaser/Kevlar/Glas 'gescrimpt' und anschließend getempert werden sowie die J/145 mit einem Rumpf aus Kohlefaser/Glas und Vinylesterharz. Als Kernmaterial verwenden wir Balsahirnholz, es besteht ja aus lauter kleinen Würfeln und eignet sich sehr gut für SCRIMP, da sich das Harz durch die Spalten zwischen den Würfeln leicht ausbreiten kann. Es füllt sie auch vollständig aus und verhindert so, dass Wasser nach einer ernsthaften Beschädigung des Außenlaminats

Die J/46. Unter jedes Foto einer J ließe sich schreiben: So möchte der Steuermann sitzen können, auf dem Seitendeck in Luv und das Rad locker in der Hand!

durch den Kern weiterwandert. Bei anderen Yachten mit einem Balsa-Sandwichkern, bei denen diese Zwischenräume nicht sorgsam von Hand ausgefüllt wurden, kann sich bei einem solchen Rumpfschaden eingedrungenes Wasser meterweit durch den Kern voranarbeiten und zu einem Kapitalschaden führen - bei SCRIMP ist das ausgeschlossen! Balsa hat zudem nicht nur die besseren Werte bei Druckbelastung, sondern kann auch höhere Scherkräfte als Schaum aufnehmen, und jede Biegebelastung bedeutet letztendlich eine Scherbelastung zwischen Laminat und Kern."

Wir schauen bei der SCRIMP-Infusion eines riesigen Rotorblattes zu. Deutlich sieht man die fortschreitende Harzfront. Das massive Laminat ist hier ca. 15cm dick und besteht aus über hundert Lagen. Plötzlich zischt es gewaltig, ein Leck am Rand der Vakuumfolie! Doch es wird schnell mit einem Klumpen Knetmasse abgedichtet. Um zu überprüfen, ob wirklich wieder alles dicht ist, verwenden die Arbeiter empfindliche Mikrophone mit Kopfhörern, die jedes noch so leise Zischen verraten.

Jim erzählt, dass bei 24 gewogenen leeren Rümpfen der J/42 ein Gewichtsunterschied von maximal 8kg bestand. Das ist eine Konstanz, die die wenigsten Werften erreichen können. Trotzdem muss jeder fertige Rumpf außen sorgfältig abgeklopft werden auf der Suche nach Lufteinschlüssen oder nicht getränkten Stellen. Man sieht das Harz während der Infusion ja nur an der Oberseite, also innen, außen ist es vom Gelcoat verdeckt. Doch das GFK-Finish der J Boats ist eines der besten, und Fehler sind extrem selten. Ein Bläschen im Gelcoat in irgendeiner Ecke kann nachträglich verfüllt werden; bei einer trocken gebliebenen Stelle allerdings müsste man sie von außen öffnen, tränken und dann am besten eine Vakuumfolie anlegen. Doch das ist die Reparaturtechnik im Allgemeinen und nicht auf J Boats bezogen. Rationelle Fertigung allerdings steht im Vordergrund. Jim zeigt mir Balkendiagramme mit den Soll- und Ist-Zeiten, wie sie durch die unterschiedlichen Eignerwünsche zustande kommen, und mit denen man genau erkennen kann, welches Boot wie viel Arbeitszeit 'verbraucht' hat. Dabei lassen sich an der Innen-

Die J/125 ist das perfekte 'Traum-Dayboat'. Unerreichte Performance bei einfacher Handhabung, auch für eine kleine Crew. Man beachte das kaum überlappende Vorsegel. Das Rigg ist selbstverständlich aus Kohlefaser.

einrichtung keine großen Extrawünsche oder Änderungen durchsetzen. Es handelt sich schließlich um Serienyachten. „Wir haben eine Studie gemacht", sagt Jim, „und wir haben festgestellt, dass die Arbeiter während der Fertigstellung einer J/105 ungefähr 300 mal aus dem Boot rein- und wieder rausklettern müssen, also haben wir diese Vorrichtungen montiert", und er zeigt mir die Metallarme, auf denen die einzubauenden Teile sowie das benötigte Werkzeug parat liegen und die über die J/105 geschwenkt werden, während diese eine Station nach der anderen durchläuft. „Dies ist Rumpf Nummer 511, die Produktion liegt zur Zeit bei einer Yacht pro Woche, doch wir können auch auf das Doppelte steigern." Diese Aussage zeigt nebenbei die große Flexibilität in einem Betrieb wie TPI, der leicht Arbeitskräfte durch die verschiedenen Aufträge auslasten kann. Gegen effektive Fertigung lässt sich nichts sagen, und man erkennt guten Bootsbau bei J Boats zum Beispiel an den Senkungen bei allen Bohrlöchern durch das Deck. Sie lassen sich so nicht nur besser abdichten, sondern man verhindert auch weitestgehend die Punktbelastungen am Gelcoat, die später zu den sternförmigen Rissen führen. Um die Püttinge herum ist der Sandwichkern durch einen dichten Kunststoff ersetzt, der den Kern hier vor eindringendem Wasser schützt. Unter Deck bestechen vor allem der großzügige Salon und die geradlinige, bewährte Aufteilung. Gut gefallen mir die oben und unten runden Türrahmen mit einer starken, lamellierten Einfassung.

Der wahre Luxus einer J sind ihre Segeleigenschaften! Alle Mitarbeiter hier sind Segler, und unser erstes Gespräch dauert nicht lange, bis wir, Jeffrey, Jim und ich, uns bei gutem Wind in einem kleinen, neuen Prototyp wiederfinden und mit geschätzten 12kn vor Newport über die Wellen fliegen. Was könnte wohl für ein Firmenkonzept, das Leistung und Segelspaß in den Mittelpunkt stellt, passender und bezeichnender sein? Mit seinen J Boats hat Rod Johnstone den Begriff des Sportboots neu geprägt und - man darf es sagen - sportliches Segeln durch einfache Bedienung revolutioniert. Deshalb möchte ich hier auch die zwei sportlichsten und bestgebauten Modelle, die J/125 und die J/145, vorstellen und die J/46 aus der Reihe der Fahrtensegler-Modelle. Ich will auch auf die große J/160 sowie auf die J/42 verweisen, die ebenfalls in unserem Größenbereich liegen. Im Cockpit jeder J fällt sofort die richtige Ergonomie für einen Segler auf, der natürlich gewisse Grundbedürfnisse hat. So möchte man doch auch in Luv bequem auf dem Seitendeck sitzen können, das Rad dabei, ohne sich zu strecken, locker in der Hand haben und seine Segel bzw. Tell-tales auch richtig sehen können! Achten Sie doch einmal darauf, auf wie vielen Yachten diese Selbstverständlichkeit unmöglich ist! Das Heck einer J hat für mich immer einen hohen Wiedererkennungswert. Schwer zu sagen, woran es genau liegt, aber ich denke, es sind die engen Rundungen, die fast kantige Spantform am Spiegel. Unübersehbar ist das Heck deutlich schmaler als bei dem sonst vorherrschenden breiten Einheitslook 'moderner' Yachten. Die

Riesig, doch unkompliziert: Der asymmetrische Spinnaker wird vom Cockpit aus gesetzt und gebändigt.

J/125, 12,5 Meter lang, Verdrängung 3,8 Tonnen, 56 % davon als Ballast. Wer will da noch mithalten?

neuen J Boats sind überhaupt sehr schmal, sie wirken langgezogen, schnittig und sehen schon im Hafen schnell aus. Mit der Garagentor-breiten J/24 haben sie nicht mehr viel gemein. Jeffrey Johnstone, heute Vorsitzender von J Boats: „Der Trend der extrem breit bis achtern auslaufenden Hecks ist doch stark von den Um-die-Welt-Regattayachten beeinflusst. Die haben alle Wasserballast, und nach herrschenden Regeln dürfen die Wassertanks nur so groß sein, dass sie das Boot im Hafen nicht mehr als 10° krängen können. Also braucht man extreme Formstabilität, die Breite lässt sich nicht mehr vergrößern, und so zieht man die maximale Breite bis achtern durch, um möglichst viel und effektiven Wasserballast zu bekommen. Die meisten Segler haben mit all dem jedoch überhaupt nichts zu tun." Ein schmaler Rumpf behält bei Schräglage ein wesentlich symmetrischeres Unterwasserschiff und segelt geradeaus wie auf Schienen auch durch hohe Wellen. Wichtig für Stabilität und Segeltragevermögen sind dabei ein tiefer Gewichtsschwerpunkt, leichte Bauweise und leichte Kohlefaserriggs sowie ein relativ hoher Ballastanteil. Mit zunehmender Geschwindigkeit scheint dann die Stabilität sogar noch höher zu werden, man fühlt sich absolut sicher und hat das Boot stets unter Kontrolle.

Und wie geht das nun so einfach mit dem asymmetrischen Spinnaker? Er wird in seinem Socken vom Cockpit aus gehisst, dann der Kohlefaser-Bugspriet über eine Talje ausgefahren. Der Socken selbst wird ebenfalls vom Cockpit aus hochgezogen, und es bleibt nur noch die Schot zu trimmen. Der Bugspriet der Sportmodelle bringt vor allem bei leichten Winden und spitzeren Kursen die größten Vorteile gegenüber einem am Bug angeschlagenen Spi oder Gennaker. Beim Halsen des asymmetrischen Spi kann man sich eigentlich Zeit lassen und – mit etwas Erfahrung - auch alleine Schritt für Schritt vorgehen. Langsam abfallen und die Schot fieren, bis der Spi einfällt, mit der neuen Schot das Schothorn gerademal auf die andere Seite holen, weiter abfallen und den Baum halsen, neue Spischot dichtholen und weiter geht's. Der zusammengeschobene Socken im Topp kommt auch leicht über, da das Spifall gute 45cm über dem Vorstag austritt. Um den Spi wieder herunter zu bekommen, wird die Fock ausgerollt, die Spischot gefiert und der Socken vom Cockpit aus heruntergezogen sowie der Spriet eingeholt. Dann wird ein Wendemanöver gefahren. Jetzt liegt der Socken innen an der Fock an und kann bequem in die Vorpiek heruntergelassen werden. So easy ist das - oh Vorsicht, er verfängt sich in den Zwischenwanten über den Salingen...!

Technische Details

J Boats
557 Thames St.
Newport, Rhode Island
USA
www.jboats.com

J/125

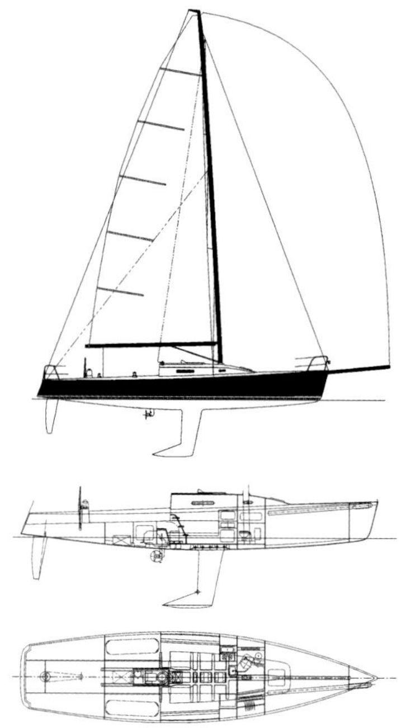

Design: Rod Johnstone

Konstruktion: SCRIMP Vakuuminfusion, Epoxi, getempert, Glas/Kevlar/Kohlefaser, Balsa-Sandwich

LOA:	12,50 m
LWL:	11,28 m
Breite:	3,23 m
Tiefgang:	2,41 m
Verdrängung:	3,79 t
Ballast:	2,11 t
Segelfläche:	73 m^2
Motor:	21KW Yanmar
Diesel:	76 Liter
Wasser:	83 Liter
Verdr./LWL:	74
Segelfläche/Verdr.:	30,4
Ballastverhältnis:	56 %
Preis:	ca. 325.000 $ US

J/145

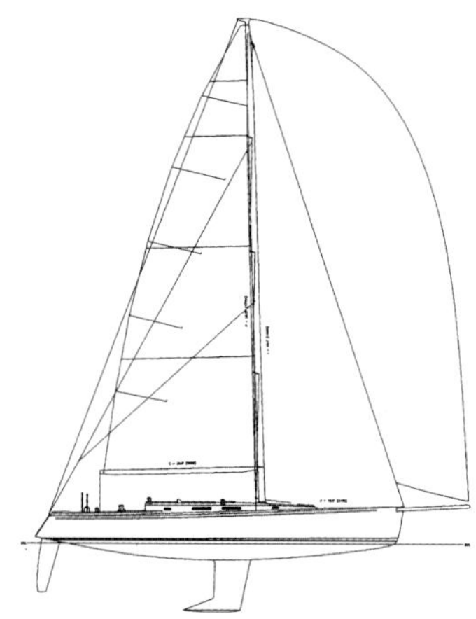

Design: Rod Johnstone

Konstruktion: SCRIMP Vakuuminfusion, Vinylester, Glas/Kohlefaser, Balsa-Sandwich

LOA:	14,64 m
LWL:	12,95 m
Breite:	3,96 m
Tiefgang:	2,71 m
Verdrängung:	8,62 t
Ballast:	3,79 t
Segelfläche:	120,4 m^2
Motor:	41 KW Yanmar
Diesel:	284 Liter
Wasser:	341 Liter
Verdr./LWL:	110
Segelfläche/Verdr.:	29
Ballastverhältnis:	44 %
Preis je nach Ausrüstung:	625 - 675.000 $ US

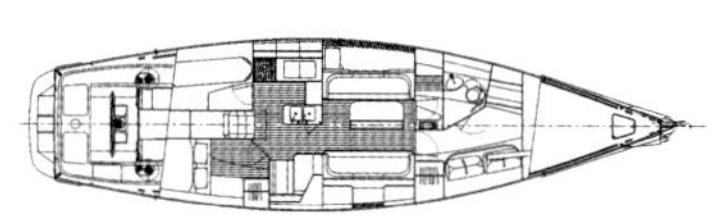

J/46

Design:
Rod Johnstone

Konstruktion: SCRIMP Vakuuminfusion, Polyester, Balsa-Sandwich

LOA:	14,02 m
LWL:	12,34 m
Breite:	4,21 m
Tiefgang:	2,29 m
Tiefgang Flachwasserkiel:	1,86 m
Verdrängung:	11,07 t
Ballast:	4,24 t
Segelfläche:	94,8 m^2
Motor:	55KW Yanmar
Diesel:	341 Liter
Wasser:	443 Liter
Verdr./LWL:	164
Segelfläche/Verdr.:	19,4
Ballastverhältnis:	38 %
Preis:	ca. 605.000 $ US

Weitere Modelle: J/22, J/24, J/80, J/90, J/92, J/32, J/105, J/109, J/120, J/42, J/160

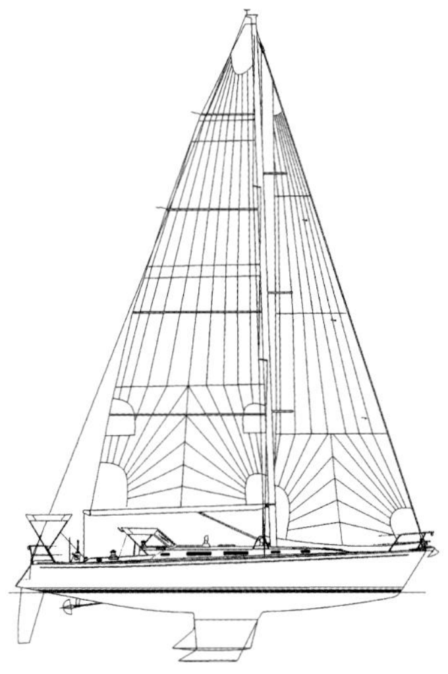

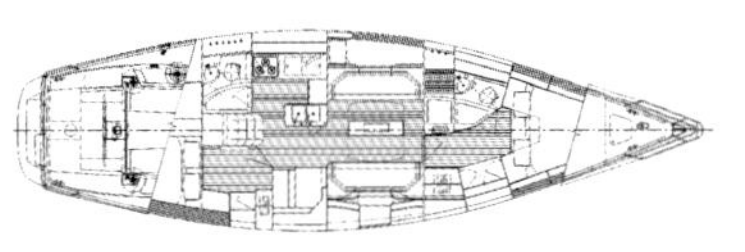

Rod Johnstone: „Wenn du die Ruhe auf einem Raumschotgang bei gleicher Geschwindigkeit wie motorsegelnde Yachten genießen kannst, dann bist du auf einem Performance-Cruiser. Wenn du an einer Küste entlang genauso schnell aufkreuzt wie all die anderen, die unter 'eiserner' Genua gegen Wind und Wellen stampfen, dann bist du ebenfalls auf einem Performance-Cruiser. Wenn du aber trotz Wind den Motor starten musst, um ordentlich voranzukommen, dann bist du auf einem Motorboot, das nur zufällig auch Segel hat! Das ist meine Meinung."

Lütje

Lütje 48

Von zu Hause aus tagtäglich durchs Fenster aufs Meer hinausblicken zu können, ist ein unbezahlbarer Genuss für jeden, der sich wie auch immer mit Booten beschäftigt. An der Realität dort draußen, auf dem Meer selbst, sollte schließlich jedes Boot gemessen werden. Ganz anders stehen die herausgeputzten und entfremdeten Yachten, meist ohne Rigg, in den klimatisierten Hallen einer Bootsmesse. Für den Unerfahrenen kann diese Kunstwelt gefährlicher sein als die See selbst. Denn alles, was hier anscheinend nur zählt, ist die jährliche Steigerung recht seltsamer Werte: Mehr Platz, mehr Kojen, mehr Duschen und Toiletten auf den eher preiswerten Yachten - mehr polierter 'Schick' und mehr 'Show' bei den exklusiven. Die Statistik belegt eine zweite, traurige Wahrheit: Wir bauen immer mehr und immer teurere Yachten, die immer weniger gesegelt werden! Doch Gott sei Dank lässt sich auch diese Regel durch eine weitere schöne Ausnahme bestätigen - voilá!

In Deutschland haben wir eine stattliche Zahl an Boots- und Werftbetrieben. Der Wirtschaft rund um den Wassersport geht es gut, der Export ist auch in dieser Branche von ausschlaggebender Bedeutung. Vor allem der Zubehör- und Ausrüstungsmarkt sowie Serviceleistungen wachsen immer deutlicher. Bei den Neubauten von Yachten bietet sich in Deutschland dagegen ein eigenes Bild. Zum einen haben wir mit großen Werften wie Abeking & Rasmussen oder Lürssen eine starke Position im Bereich der Megayachten, die gut und gerne 50 Millionen Euro und mehr kosten dürfen. Zum anderen haben wir erst im unteren Preissegment bei Segelyachten wieder international bekannte Namen. Bei ihnen lässt sich der

Thomas Lütje

Erfolg allein schon an der Zahl der Produktion von bisweilen weit über tausend Yachten jährlich ablesen. In Deutschland nur schwach vertreten sind Werften, die in exklusiver Qualität Segelyachten in der Größe um 11 bis 16 Meter bauen. Eine solche Werft hat es natürlich schwer. Im Verhältnis zum hohen Preis einer individuellen Spitzenyacht lässt sich oft nur eine verhältnismäßig geringe Gewinnspanne erzielen. Die zwangsläufig niedrigen Stückzahlen und eine kaum vorhersehbare zukünftige Auftragslage bergen bereits genug Risiken. Dazu kommen dann noch die für eine kleine Werft unverhältnismäßig hohen Ausgaben, die Yacht immer wieder auch auf Bootsmessen zu präsentieren und bekannt zu machen. Darum bescheren Reparatur, Winterlager und Serviceleistungen auch immer mehr Traditionsbetrieben ein sichereres und besseres Auskommen – wen wundert´s?

Es gibt zwei, drei Ausnahmen in Deutschland und eine, deren Schwerpunkt auch der Yacht-Neubau ist, möchte ich hier vorstellen: Die Lütje Werft, ein Hamburger Familienbetrieb in zweiter Generation. „Wir sind nur ein kleiner Handwerksbetrieb, viel Interessantes gibt es bei uns nicht zu sehen", sagte Bootsbaumeister und Werftchef Thomas Lütje bescheiden, als ich ihn wegen eines Besuches seiner Werft anrief. Doch da war ich mir nicht so sicher, müssen doch wohl auch all diejenigen, die die Lütje 48 zur Siegerin in der Kategorie 'Traumyachten' in einer Yacht-Umfrage gewählt hatten, von dem Qualitätsstandard der Werft tief beeindruckt gewesen sein. Thomas Lütje ist ein Bewunderer klassischen Yachtdesigns. Gerade die Linien und der Stil, die wir von den eleganten und zeitlos schönen Booten der US-Ostküste kennen, haben es ihm angetan. Mit der Lütje 48 wollte er sich diesen eigenen Traum endlich erfüllen und mit seiner Familie auf einer stolzen Yacht wieder nach Süd-Norwegen segeln. Doch da hatte ein anderer Connaisseur vom Neubau Wind bekommen und ihm die Yacht noch vor der Fertigstellung abgekauft. Welch Ironie, müssen diejenigen denken, denen ein Yachtbau auf Spekulation zu riskant erscheint. Wiederum unverständlich und schade ist, dass sich in den vier Jahren seit dem Stapellauf der Lütje 48 *'Mamelie'* keine weiteren Auftraggeber gefunden haben. Allerdings bietet die Werft so viel Flexibilität bei den Wünschen des Eigners, dass diese Yachten meistens doch individuelle Einzelstücke bleiben, selbst wenn das Design noch einmal gebaut würde. Zu den zwei schönsten Segelyachten der Werft gehört noch ein weiterer Einzelbau, die 41 Fuß *'Bird of Dawning'*, die mit ihrem gerundeten Steven, stärkeren Deckssprung und kurzer Wasserlinie noch deutlicher auf ihre Wurzeln verweist. Sie ist sogar die noch 'schönere' der beiden mit ihrer schlichten Reihe gleich großer Bronze-gerahmter Fenster im

'Bird of Dawning'.
41 Fuß pure Eleganz.

Vorschiffskoje auf der Lütje 48. Gut zu sehen ist die edle Kassettenbauweise mit erhöhten Paneelen.

Aufbau, alle natürlich zu öffnen, und mit einer Pinne - bravo! Beide Entwürfe stammen von Judel/Vrolijk & Co, dem wohl bedeutendsten, international renommierten Designbüro in Deutschland. Thomas Lütje möchte jedoch nicht den Eindruck erwecken, ausschließlich nach Plänen dieses Büros zu fertigen, auch wenn der gebürtige Holländer Rolf Vrolijk ein guter Jugendfreund des Werftchefs ist. 1978 wurde das Designbüro von den Regattaseglern mit Schiffbaustudium Rolf Vrolijk und Friedrich Judel gegründet und machte sich in den nächsten zehn Jahren vor allem durch erfolgreiche Admirals Cup Yachten einen Namen. Dann kam 1986 der gleichermaßen vorbelastete Torsten Conradi hinzu. Seit dieser Zeit wächst der Anteil an schnellen Fahrtenseglern. Heute gehört Judel/Vrolijk & Co zur absoluten Weltspitze, ob es sich dabei um Entwürfe für Serienyachten wie Dehler, Hanse oder Najad handelt oder um Super-Cruiser von Baltic und anderen Spitzenwerften. Rolf Vrolijk steht zudem im Americas Cup 2002/3 beim Schweizer Syndikat von Bertarelli unter Vertrag. Jeder Kunde des Designbüros wird unweigerlich auch von diesem umfassenden 'Erfahrungs-Pool' profitieren. Zur großen Vielseitigkeit des acht- bis zehnköpfigen Teams bei Judel/Vrolijk & Co gehört aber ebenso die deutliche Stilsicherheit bei den klassischen Formen, Proportionen und Details der beiden Lütje Yachten. Obwohl sie mit Holz-Epoxi-Leistenbauweise keine High Tech-Konstruktionen sind, sagt Friedrich Judel, „müssen die Berechnungen, vor allem in Bezug auf Festigkeit, nicht minder anspruchsvoll sein". Typischerweise dauert ein solcher Entwurf etwa drei, vier Monate, ehe mit dem Bau begonnen werden kann. Zur beiderseitigen Zufriedenheit von Auftraggeber und Designer kommt es vor allem in der Planungsphase darauf an, genau herauszuarbeiten, was der zukünftige Eigner wirklich wünscht. Oft kommt der mit alten Plänen, Jugendträumen und Erinnerungen, möchte aber gleichzeitig eine pflegeleichte, modern-schnell-

Glanzlackiertes Kirschholz im Salon der *'Bird of Dawning'*. Die sichtbaren lamellierten Decksbalken haben großen Anteil an der gemütlichen Atmosphäre.

segelnde Yacht. Man muss dann ergründen, wie konsequent man der Philosophie 'weniger ist mehr' folgen möchte, denn die Verdrängung, die Länge der Wasserlinie und weitere Design-Parameter hängen stark von dem letztendlich gewünschten Platzangebot und dem Umfang der Ausrüstung ab – Kompromisse sind immer nötig! Natürlich sind die *'Bird'* und die *'Mamelie'* moderne, leichte Yachten geworden. Sowohl unter Wasser als auch im Rigg sind sie unabhängig von alten Formen und Formeln. Mit ihrem Flossenkiel und einem auffallend großen Spatenruder machen beide einen sehr wendigen Eindruck. Beim Rigg muss das nicht überlappende Vorsegel einfach jedem gefallen, der es sonst beim Aufkreuzen gewohnt ist eine 150% Genua dichtzuwinschen. Das einzige, was mich an Deck erst noch überzeugen müsste, ist die Führung der Großschot, die sehr weit vorne am Baum angreift. Beide Yachten profitieren von einem großen Cockpit mit geradlinigen Duchten statt unnötiger ergonomischer Spielereien. Klare Linien, ein unverbautes, freiflächiges Teakdeck, auf dem man sich auch aufhalten möchte sowie der schmale, niedrige Aufbau machen diese Yachten ungleich attraktiver als die sogenannten 'Raumwunder'.

Die Lütje Yachtwerft liegt auf Kaltehofe, dem Gelände des alten Wasserwerks an der Norderelbe. Für die Werft ist der bevorzugte Werkstoff eindeutig Holz. Thomas Lütje schaudert noch bei der Erinnerung an einen Stahlrumpf, den er aber deshalb nicht minder hochwertig ausgebaut hatte. In der ganzen Werft befindet sich kein Tropfen Polyester, so wird mir versichert. Logisch also, dass diese beiden Yachten in Holz-Epoxi entstanden, und zwar in der Leistenbauweise. Doch muss man weiter differenzieren. Statt Massivholzleisten, zum Beispiel aus Zeder, verwendete man hier das Markenmaterial Dura Core. Es besteht aus Balsahirnholz, verklebt zwischen zwei Lagen Holzfurnier. Dura Core kann zu Leisten verschiedener Breite geschnitten

Mit der Leistenbauweise geht es schnell voran. Hier das Aufplanken mit Dura Core Leisten in negativen Mallen.

Ein wunderschön ausgeführter, lamellierter Handlauf am Niedergang der Lütje 48. Der Aufbau selbst ist aus Epoxi-Glasfaser-überzogenem Sperrholz gefertigt und besticht durch ein makelloses Finish.

werden, die an den Enden bereits für einfaches Schäften vorbereitet sind. Nochmal zurück zu einem Rumpf aus Massivholzleisten: Hier verlaufen alle Holzfasern in Längsrichtung und damit in derselben Ebene wie die innen und außen 90° und/oder 45° verdreht aufgebrachten Faserverstärkungen. Im Prinzip handelt es sich hierbei noch um ein Massivlaminat mit einer sehr dicken Verstärkungslage, nämlich den Holzleisten, in der Mitte. Dagegen entspricht ein Rumpf aus Dura Core mit den von innen nach außen verlaufenden Fasern des Balsahirnholzes einem echten Sandwichlaminat. Der Kern hat hier in erster Linie lediglich die Aufgabe, Innen- und Außenlaminat auf Abstand zu halten. Bei einem Vergleich dieser Baumaterialien an zwei gleich dicken Teststücken mit identischer, beidseitiger Faserverstärkung misst man nur sehr geringe Unterschiede an Bruchfestigkeit. Der Gewichtsunterschied fällt mit maximal 10% zu Gunsten des leichteren Dura Core aus. Der große Unterschied liegt in der Steifheit. Hier ist Dura Core mit wesentlich höheren Werten überlegen. Im Gegensatz zum Massivholz-Leistenbau, der meist kieloben über positive Mallen geplankt wird, hat sich bei Dura Core bewährt, den Rumpf aufrecht und in die Mallen hinein zu bauen. Bei dieser Methode muss man den Rumpf dann allerdings mindestens zweimal umdrehen. Grundsätzlich ist der Leistenbau eine sehr schnelle Methode für den Einzelbau einer Yacht. Besonders eine erfahrene, gut organisierte Werft darf man nicht lange alleine lassen, möchte man als Eigner von der Entstehungsphase seines Rumpfes etwas mitbekommen. Die Zeiten, als man zuerst die Mallen auf dem Schnürboden einzeln aufreißen musste, sind vorbei. Heute liefert der Designer alle Daten auf einer CD. Die perfektesten Mallen lässt man dann per computergesteuerten Hochdruck-Wasserstrahl aus günstigen Pressspanplatten schneiden. Nach dem Aufstellen und genauen Ausrichten der Mallen folgt das Aufplanken und Verkleben der Dura Core Leisten mit Epoxi. Dann kommen die Faserverstärkungen, ebenfalls mit Epoxi getränkt. Bei einer 48 Fuß Yacht bestehen diese an der Innenseite etwa aus 1200g/m² triaxialem Glasgelege - nicht Glasgewebe, wohlgemerkt! Unter der Wasserlinie sind es 2400g/m² und im Kielbereich ist das Laminat massiv. Die Dura Core Leisten selbst haben eine Stärke von 19 mm. Es folgen nun die Bodenwrangen aus Massivholz, Stringer sowie die Schotte aus furnierten Schaum-Sandwich-Platten. Jetzt wird der so ausgesteifte Rumpf aus den Mallen gehoben und kieloben gedreht. Nicht zu viel Zeit sollte vergehen, bis man außen den identischen Aufbau aus Glasgelegen aufbringt. Nun folgen die unbeliebten Spachtel- und Schleifgänge, bis die Oberfläche glatt und perfekt strakend ist und lackiert werden kann. Natürlich habe ich hier vieles ausgelassen, aber man merkt, denke ich, welche Vereinfachungen durch diese Bauweise entstehen. Es gibt keine

Sponung an Kiel und Steven, in die die Planken eingelassen werden müssten, keine Spanten mit ihrer Schmiege usw. Es ist nicht einmal erforderlich eine genaue Passung der Holzverbindungen zu erreichen, da die Epoxi-Klebefuge selbst stärker als Holz ist. Stopp! Denn trotz alledem erkennt man an eng sitzenden Passungen und sauberen Hohlkehlen der Verbindungen die Bauqualitat einer Werft ebenso wie am sorgfältigen Umgang mit Epoxiharz, dem exakten Mischungsverhältnis, der Einhaltung konstanter Temperaturen und Luftfeuchte. Bei Lütje sieht man diese Sorgfalt, die auch immer mit Sauberkeit einherzugehen pflegt, in allen Bereichen. Mit zehn Mitarbeitern ist es ein kleiner Betrieb, in dem der Chef noch jede Schraube, jedes Detail persönlich kennt. Zwei, drei Mitarbeiter befinden sich hier in Ausbildung zum Bootsbauer. Undenkbar, dass in dieser norddeutsch-ruhigen, verantwortungsvollen Atmosphäre über irgend etwas hinweg 'gehudelt' wird. Wenn wir nun die Yacht in einer späteren Bauphase betrachten, können wir den edlen und wirklich erstklassigen Ausbau bewundern. Bei der *'Bird'* und *'Mamelie'* besteht er aus glanzlackiertem Kirschholz in perfekter Verarbeitung. Rationalisierung und Handwerk vertragen sich eben doch nicht so gut. Was wir bei einer Lütje Yacht sehen ist ehrliches Handwerk, viel massives statt lamelliertem Edelholz, klassische Kassettenbauweise mit erhöhten Paneelen, ebenfalls aus Massivholz, und nirgends eine Spur von Effekthascherei.

Das nächste große Projekt bei Lütje ist der Ausbau und die Fertigstellung einer 70 Fuß High Tech-Segelyacht. Doch bei den beiden aktuellen Neubauten herrschen immer noch klassisch amerikanische Linien gepaart mit moderner Technik vor. Es handelt sich um jetgetriebene Motoryachten im Stil der Lobsterboats aus Maine. Sollte das nun auch bei uns zu einem Trend werden? Auf jeden Fall verkauft sich so etwas einfacher - man steigt ein, dreht einen Zündschlüssel und fährt davon. Durchaus legitim, doch wir hoffen, dass Lütje noch oft individuelle Wünsche nach einer eleganten Segelyacht verwirklichen und erfüllen kann.

Die Lütje 48 *'Mamelie'* mit ihren kaum überlappendem Vorsegel hoch am Wind – ein Traum!

Technische Details

Yachtwerft Lütje
Kaltehofe-Hinterdeich 5
20539 Hamburg
www.luetje-yachts.com

LÜTJE 41 'Bird of Dawning'

Design: Judel/Vrolijk & Co

Konstruktion: Holz-Epoxi, Dura Core Leistenbauweise

LOA:	12,70 m
LWL:	9,00 m
Breite:	3,60 m
Tiefgang:	1,80 m
Verdrängung:	7,50 t
Ballast:	3,20 t
Segelfläche:	80,0 m^2
Motor:	37 KW Yanmar
Diesel:	150 Liter
Wasser:	230 Liter
Verdr./LWL:	287
Segelfläche/Verdr.:	21,2
Ballastverhältnis:	42,7 %
Preis ca:	560.000 €

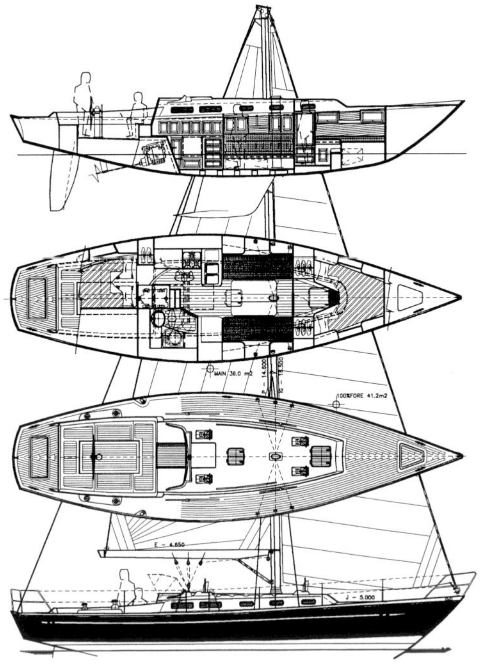

LÜTJE 48 'Mamelie'

Design: Judel/Vrolijk & Co

Konstruktion: Holz-Epoxi, Dura Core Leistenbauweise

LOA:	14,85 m
LWL:	11,00 m
Breite:	4,10 m
Tiefgang:	2,25 m
Verdrängung:	10,50 t
Ballast:	4,30 t
Segelfläche:	107,0 m^2
Motor:	60 KW Yanmar
Diesel:	180 Liter
Wasser:	700 Liter
Verdr./LWL:	220
Segelfläche/Verdr.:	22,7
Ballastverhältnis:	41 %
Preis ca:	770.000 €

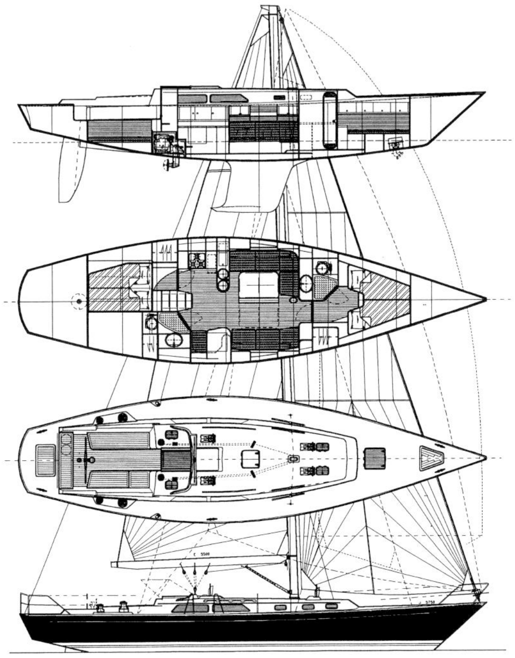

Die Zahl der Segler, die voller Zufriedenheit ein schönes Wochenende an Bord ihrer Yachten verbringt, ohne dabei auch nur einmal abzulegen, ist in so mancher südlichen Marina größer als die Zahl der Liegeplätze, die man hier vor kurzem noch vorfand. Bei dieser Entwicklung in die Breite ist klar, dass es nicht nur luxuriöse Traumyachten geben kann, zu denen wir auch die von Lütje zählen. Man fragt sich aber doch, warum die eine oder andere der preiswerteren Yachten nicht ebenso klassische Linien haben darf. Gerade beim GFK Bootsbau kann man doch zum gleichen Preis einen stilvoll geformten Rumpf oder einen unverzeihlichen herstellen. Doch die Lage wird generell kaum zu ändern sein, und so genießt man die exklusiven Neubauten nach klassischen Formen um so mehr.

Die hochgeklappte Pinne der 'Bird of Dawning' schafft Platz für einen besonders schönen Cockpittisch.

Nautors Swan

Eine Swan, eine Segelyacht der Werft Nautor, gilt unter Seglern oft als die begehrenswerteste Yacht überhaupt. Man denkt sofort an Luxus, an Qualität, an hervorragende Segeleigenschaften - kurzum an Perfektion. Kennt man nur eine Top-Werft, dann ist es häufig Nautor, und in Gesprächen über Qualität im Yachtbau dauert es meist nicht lange, bis der Name Swan fällt. Alle Sorgen, wie sie Eigner 'gewöhnlicher' Yachten kennen, wären vergessen, alle Möglichkeiten, seinem Boot die Schuld zu geben, wenn man bei 30 kn Wind von vorne in einen Hafen abdreht, allerdings auch, besäße man nur eine echte Swan . So mancher Eigner einer anderen weißen Segelyacht mit hellblauem Zierstreifen oder einer bekannten dunkelblauen Doppelgängerin wird im Stillen zugeben, dass ihn eigentlich nur das Preisschild vom Original mit den finnischen Landesfarben abgehalten hat.

Soviel zum Mythos und dem ehrfurchtsvollen Image der Swan Yachten, von dem auch ich nicht ganz frei bin, als ich in Pietarsaari, Finnland, ins Taxi steige und mich auf meinen ersten Besuch bei Nautor freue. Rund 20km geht es weiter ins Landesinnere. Warum ausgerechnet Finnland? Diese Frage muss erlaubt sein, wir befinden uns hier auf fast 64° N , im Winter ist das Meer gefroren und 300 km weiter liegt der Polarkreis! Warum werden die 'besten' Segelyachten der Welt ausgerechnet hier gebaut? Finnische Bootsbautradition? Ja, die gibt es, und die will ich hier auch überhaupt nicht ableugnen. Im Golf von Bothnia wurden über Jahrhunderte Schiffe und Boote für die schwedische Krone gebaut. Auch das Yachtsegeln hat eine gewisse Tradition, und die Gesetze über das Führen einer eigenen Flagge an Bord einer Yacht

Die Nautor Werftzentrale in der Nähe von Pietarsaari, Finnland.

gehen auf Zeiten zurück, als man dafür noch den Zaren von Russland um eine Sondererlaubnis ersuchen musste. Doch was die Menschen hier speziell auszeichnet, ist ihr Stolz auf alle Dinge, die sie schaffen. Vor allem im Handwerk, traditionell von den Vätern auf die Söhne weitergegeben, gilt, dass man immer guten Gewissens seinen eigenen Namen unter sein Werk setzen können muss. Doch für die steile Erfolgskurve von Nautor gibt es auch noch eine andere Erklärung, und diese stammt aus New York. Das heute in der Fifth Avenue ansässige Designbüro Sparkman&Stephens dominierte in den 60er Jahren weltweit, wenn es um den Entwurf siegreicher Hochsee-Regattayachten ging. Die außergewöhnlichen Talente der Stephens Brüder, Olin Stephens als Designer und Rod Stephens als Segler und Rigg-Experte, ergänzten sich vortrefflich und stellten einen Erfahrungsschatz dar, der zu seiner Zeit ohnegleichen war. Das wusste auch Peter Koskenkyla, der nur einen Traum hatte: In seiner Heimat Finnland die besten Segelyachten in Serie und aus GFK zu bauen. Außer seiner Geschäftsidee und etwas Land im Norden besaß er weder spezielle Erfahrung, noch das nötige Geld, um eine moderne Werft zu errichten. Doch er nutzte die Gelegenheit, im Winter 1966 Rod Stephens in einem Hotel in Helsinki seine Ideen und seinen Idealismus vorzutragen. Bei gegenseitiger Sympathie und allen Risiken zum Trotz entschied man sich schließlich zur Zusammenarbeit. Das erfolgreiche S&S Design 1710, eine 36ft Slup wurde ausgewählt, in Pietarsaari in Serie zu gehen. Daraus wurde die Swan 36, mit der Nautor ein fulminanter Start glückte. Auf Grund der niedrigen Arbeitslöhne, im Vergleich etwa zu den USA, waren diese Spitzenyachten für nur ca. 23.500 $, damals ca. 93.500 DM, zu haben. Kurz darauf interessierte sich ein finnischer Gutachter von Lloyds of London, Ake Lindquist, für ein 43ft Design von S&S. Gerne ließ er seine neue Yacht bei Nautor in Finnland bauen. Daraus entwickelte sich das zweite Modell der Werft, die so erfolgreiche und wunderschöne Swan 43. Dieses Design wurde gleichzeitig auch in Amerika bei der renommierten Werft Palmer & Johnson gebaut, hier hieß es PJ 43. Lindquist und ein Team von Palmer & Johnson, sowie Rod Stephens, der regelmäßig nach Finnland flog, sorgten in den folgenden Jahren vor Ort in Pietersaari dafür, dass alle Swan Yachten in Stärke und Qualität echten Hochsee-Regatta-Anforderungen genügten, was man nur von den allerwenigsten Serienyachten behaupten konnte. Man erinnert sich noch heute, wie ein Hundert-Kilo-Mann aus diesem Beraterteam auf die Decks heruntersprang und sich überall dagegenwuchtete - was nicht hielt, musste stärker gebaut werden. Es waren der Ruf der Unzerstörbarkeit sowie die erstklassigen Holzarbeiten unter Deck, die Nautor von Anfang an zu großem Erfolg verhalfen. Nach nur drei Jahren

Viele Werften versuchen den Swan-Look, hier ist es eine 48, zu kopieren. Achtet man aber allein auf die Details an Deck, so bleiben Verwechslungen aus, auch wenn man das Wort 'Swan' auf keiner Yacht von Nautor lesen wird.

beschäftigte die Werft bereits an die 400 Mitarbeiter.
Von vielen Regattasiegen ließe sich schreiben. Doch wo aufhören? Besonders erwähnenswert und einträglich für die Reputation von Nautor war unter anderem der Sieg einer serienmäßigen Swan 65 im 'Whitbread Round The World Race' 1974.
Nach Sparkman&Stephens trat Ende der 70er Jahre Ron Holland die Nachfolge als Haus-Designer an. 1981 kam dann die erste Swan, es war die Swan 51, nach einem Entwurf von German Frers auf den Markt. Heute stammen alle Modelle von dem argentinischen Top-Designer und ehemaligen Stephens Schüler Frers. Vieles hat sich geändert, anfangs waren Swan Yachten schwer und verdrängten oft mehr als so mancher optisch über-robuste Fahrtensegler. Das lag zum Teil natürlich auch an der damals gültigen IOR-Vermessung. Heute geht der Trend auch bei Nautor zu leichteren Yachten. Doch dem bei Nautor üblichen Massivlaminat des Rumpfes (zumindest unter der Wasserlinie) mit einem dichten Netz an Stringern und Spanten bleibt man bis heute treu. Sandwich-Laminate wurden zwar ausprobiert, doch vor allem wegen des dünnen Außenlaminats mit seinen Nachteilen bei Punktbelastung war man nicht davon überzeugt. Bei Nautor ändert man nur etwas, wenn man nach langen Tests absolut sicher ist. So entstehen die Rümpfe im Handauflegeverfahren mit Iso Polyesterharzen in zwei Form-Hälften. Durch die Teilung in zwei Hälften lässt sich sauberer laminieren, und die Lösungsmitteldämpfe, die schwerer als Luft sind, können nach unten entkommen. Das ist wichtig, da die Aushärtung sonst beeinträchtigt wird. Die geteilte Form wird nun zusammengesetzt und die Rumpfhälften entlang dem Stoß überlaminiert. Somit hat das Laminat entlang der Mittschiffslinie die größte Dicke und Stärke. Dieses Verfahren ist Standard, aber das dichte Netz an Versteifungen aus über-

Der im bekannten Nautor-Stil etwas üppiger gestaltete Salon der Swan 48. Der Ausbau bei Nautor besticht unter anderem durch besonders perfekt lamellierte Holzarbeiten.

Passend zum äußeren Erscheinungsbild ist auch der Innenraum der neuen Swan 45 geradliniger geworden.
Für eine so sportliche Yacht ist er allerdings immer noch ausgesprochen luxuriös.

Die Achterkabine der Swan 48 mit direkter Verbindung zum darüberliegenden Steuercockpit.

Die aus Gewichts- und Platzgründen vergleichsweise sehr nüchterne Achterkabine der Swan 45.

Die Entstehung eines neuen „Schwans". Bootsbau bei Nautor bedeutet in der Regel – und wie auch in dieser Abbildung ersichtlich – einen Rumpf aus Massivlaminat.

laminierten Schaumprofilen, das als nächstes eingesetzt wird, findet sich bei anderen Yachten kaum noch in vergleichbarer Form. An der Innenseite dieser Versteifungen kommen Unidirektional-Gelege und teilweise Kohlefaser zum Einsatz, während Kevlar das Rumpflaminat selbst verstärkt. "Wir wollen Yachten mit einem hohen Gebrauchswert bauen", so wird mir erklärt. "Bei manchen Regattayachten mag es in Kauf genommen werden, dass sie nach einigen Jahren nicht mehr die ursprünglichen Festigkeiten aufweisen, aber wir legen großen Wert auf Langlebigkeit. Denn eine Swan soll auch immer eine solide Investition sein, und die Wiederverkaufspreise bestätigen das in der Tat."

Anstelle von Schraubzwingen kommt bei Nautor diese 160-Tonnen-Presse bei der Herstellung der zahlreichen, perfekt lamellierten Teak-Holzteile zum Einsatz.

Ein Besuch bei Nautor begeistert vor allem, weil die Werft so vieles selbst fertigt. In den Metallwerkstätten stehen moderne CNC-Bearbeitungsmaschinen für Aluminium und Edelstahl. Hier entstehen zahlreiche Einzelteile und Beschläge, vor allem auch das komplette Rigg der Yachten, soweit es nicht bereits aus Kohlefaser ist. Mast, Baum und Salinge jeder Swan sind immer eine eigene Anfertigung, die genau für die Yacht berechnet ist - anstelle eines Baukastensystems. Die Schweißarbeiten an den verjüngten Profilen mit variierender Wandstärke und an allen Beschlagspunkten sowie deren Positionierung sind einfach perfekt. Jeder Segler wird die Sorgfalt, die hier aufgewendet wird, und die Stärke der Dimensionierung dieser Riggs - dem eigentlichen Motor seiner Yacht - zu schätzen wissen. Erst wenn die Bearbeitung der Profile abgeschlossen ist und auch das kleinste Loch gebohrt ist, werden sie anodisiert. Auch dafür leistet sich Nautor eine eigene Anlage mit 15 Meter langen Becken.

Der luxuriöse Innenausbau entsteht zum größten Teil in den separaten Tischlerwerkstätten. Standesgemäß ist er in erstklassigem Teak gehalten. Heute wird aber nur noch Holz von Bäumen verwendet, die wieder nachgepflanzt werden. Bei den perfekten Rundungen der umlaufenden Schlingerleisten in der Pantry und am Karten- und Salontisch, aber auch an den Türeinfassungen und an anderen Stellen, fällt auf, dass sie keinen Stoß haben und dass die Maserung den Rundungen folgt. Alle diese Leisten bestehen nämlich aus dünnen aufeinandergeklebten Furnieren, man sagt, sie sind lamelliert. Für jede Rundung gibt es eine eigene Form, in der die Furniere (ca. 1mm stark) mit bis zu 160 Tonnen Druck zusammengepresst werden. Gleichzeitig härtet der Spezialklebstoff zwischen den Furnieren durch Bestrahlung mit Mikrowellen in wenigen Minuten aus. Dann erst wird das gewünschte Profil der Leiste gefräst. Auch ein Grund, warum eine Swan unter Deck nicht wie ein Selbstausbau aussieht.
Die Swan 45 ist das neueste Modell unter den Swan Yachten, ein wirklich aufregendes, gerade

für Nautor revolutionäres Design. Äußerlich eine Regattayacht, fast wie ein One-Design, ermöglicht sie auch Fahrtenseglern einen neuen Stil - sehr sportlichen Fahrtenseglern wohlgemerkt, die sich nicht durch ein großes Cockpit verunsichert fühlen und auch bereit sind, beim Stauraum Kompromisse einzugehen. Der offene Spiegel soll durch einen Steuermannsitz bzw. eine Backskiste auch zu verschließen sein. Mast und Baum bestehen standardgemäß aus Kohlefaser. Dieses IMS-Design erfordert auch bei Rumpf und Deck einen weiteren Schritt in Richtung Leichtbauweise. So hat der handaufgelegte Rumpf der Swan 45 aus Vinylesterharz im Bereich des Freibords eine Balsa-Sandwicheinlage. Im Kielbereich sind die Unidirektionalgelege mit Kohlefaser weiter versteift. Besonders das Deck aber stellt einen Schritt in Richtung High Tech-Laminat dar, und es könnte auch für zukünftige Swan-Modelle richtungsweisend werden. Im Deck an Gewicht einzusparen ist auf Grund seiner hohen Lage über dem Schwerpunkt besonders lohnend. Deshalb verwendet Nautor in diesem flacheren und dadurch auch einfacheren Bauteil des Decks erstmals das SPRINT-Verfahren mit Epoxiharz und einem Sandwichkern aus Schaum.

Der Trend zu immer größeren Luxussegelyachten wird bei Nautor besonders offenkundig. Heute ist die größte Swan eine Superyacht mit 112 Fuß Länge, und für noch größere Projekte werden jetzt sogar neue Hallen direkt am Wasser bei Pietarsaari gebaut. Was von diesem Trend, immer größer, immer imposanter, zu halten ist, kann ich nicht sagen, aber ich frage mich, ob man als Eigner so einer Yacht nicht manchmal sein Ego etwas überstrapaziert. Lars Ström ist Chef in der technischen Entwicklung bei Nautor. Er spricht wohlüberlegt, bedächtig und mit langen Pausen, und er gewährt uns etwas Einblick: "Manchmal ist es nicht leicht, einen Eigner, der es

Ein ganz neuer „Schwan". Die 45 geht einen weiteren Schritt in Richtung Regattayacht. In diesem Stil wird auch die Großschot von den achternen Cockpitwinschen aus beiderseits unter Deck bis auf Höhe der Wanten geführt. Von hier geht sie schräg nach oben zum Lümmelbeschlag, unterhalb des Baumes zurück und wird mit dem Block auf der Travellerschiene lediglich umgelenkt.

Die Swan 45 beeindruckt durch ihr sehr übersichtliches, fast minimalistisches Styling. Durch die ungewöhnlich nach achtern gebogenen Salinge kann ein größeres Vorsegel am Wind noch ordenlich dicht geschotet werden, während gleichzeitig die außen liegenden Wanten die gesamte Rumpfbreite ausnutzen, um den Mast effektiv zu verstagen.

vielleicht gewöhnt ist, schnelle Sportwagen zu fahren, davon zu überzeugen, dass seine Yacht nicht noch mehr PS benötigt. Der Propeller kann überhaupt nicht noch mehr Leistung aufnehmen, erkläre ich, es würde außer unnötigem Gewicht nichts bringen - aber es hört sich nach zu wenig an...Auch Winschen müssen unbedingt imponieren, und vielleicht kann man den Mast noch ein paar Meter länger machen, um den 'longest stick' im Hafen aufzuweisen. Ja, manchmal ist es nicht ganz leicht für uns." Die Auftragsbücher sind jedenfalls voll, vor allem, seit die Werft von Leonardo Ferragamo (aus dem bekannten italienischen Modeunternehmen Salvatore Ferragamo) übernommen wurde. Nautor betreibt ein intensives Marketing und bietet ein weltweites Service-und Vertriebsnetz. Im Swan Club können Eigner an anspruchsvollen Regatten in den exklusivsten Revieren ihr Können gegen andere Swan-Yachten auf die Probe stellen. Auch die Werft selbst wird seitdem weiter modernisiert, um noch effizienter arbeiten zu können. Ein Beispiel: Statt mit hunderten von Schablonen aus Sperrholz für die Schotten und für Einbauteile zu arbeiten, übernehmen jetzt zunehmend Dateien für computergesteuerte Fräsen den Zuschnitt. Eine Rationalisierung ohne Einbußen, denn nichts soll sich ändern, was nicht mit der Verpflichtung zur Spitzenqualität vereinbar wäre.

Ich frage Lars, woran er im Moment arbeite. "Letzte Woche hatten wir die erste Swan 45 im Wasser, und wir haben einen Stabilitätstest gemacht. Jetzt arbeite ich mit diesen Daten zurück und vergleiche sie mit den Berechnungen des Designers. Der Computer hat wirklich alles verändert. Ich erinnere mich, als Stabilitätsberechnungen noch zwei Wochen gedauert haben, heute geht es in zwei Minuten."

Eine Swan kostet den zwei-, manchmal dreifachen Preis der vielen ihr nachempfundenen Yachten, von denen ein Laie sie äußerlich kaum unterscheiden kann. Jeder Eigner wird bei seiner Entscheidung für Nautor eigene Prioritäten setzen. Ich persönlich denke, das Allerwertvollste an einer Swan ist das Vertrauen, das man in sie setzen kann. Man hat die Sicherheit, dass eine Swan ihre Leistung bringen wird und unter allen Umständen noch härter belastbar bleibt, als man ausprobieren möchte - und dann erst kommen all die hervorragenden Details, der luxuriöse Ausbau, das Prestige und die Werterhaltung. Man kann lange überlegen, wie wohl die eigene Traumyacht aussehen müsste. Doch wie an einer Weggabelung wird man sich immer für eine und gegen eine andere Möglichkeit entscheiden müssen, denn Yachtdesign beinhaltet immer Kompromisse. Verwundert es da, wenn erfahrene Segler darauf zurückkommen und sagen: Eine Swan wäre doch einfach perfekt?

Das große und aufgeräumte Cockpit bietet viel Platz für eine Regattacrew. Der Steuermann wünscht sich allerdings mehr Halt für die Füße, um auch in Luv bequem hinterm Rad stehen zu können. Durch eine mobile, eingepasste 'Box' kann der offene Spiegel geschlossen werden.

GER
4501

Technische Details

Nautor's Swan
P.O.Box 10
68601 Pietarsaari
Finnland
www.nautors-swan.com

SWAN 45

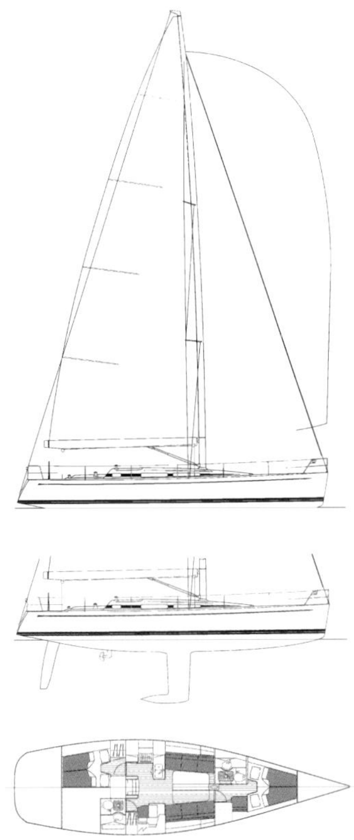

Design: German Frers
Konstruktion: Vinylester, Glas Kohlefaser-verstärkt,
über Wasser Balsa-Sandwich,
Deck: SPRINT-Verfahren Epoxi, Schaum-Sandwich

LOA:	13,83 m
LWL:	12,07 m
Breite:	3,92 m
Tiefgang:	2,80 m
Verdrängung, leer:	8,85 t
beladen:	9,50 t
Ballast:	4,30 t
Segelfläche (Groß, Fock):	127,8 m^2
Motor:	40,5 KW Volvo Penta
Diesel:	150 Liter
Wasser:	350 Liter
Verdr./LWL:	151
Segelfläche/Verdr.:	29,0
Ballastverhältnis:	45,3 %
Preis:	600.000 €

SWAN 48

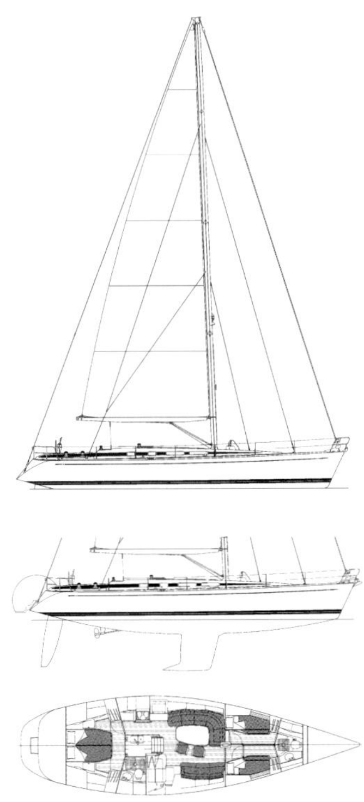

Design: German Frers
Konstruktion: Iso-Polyester Massivlaminat,
Glas Aramid-verstärkt,
Deck: Schaum-Sandwich

LOA:	15,09 m
LWL:	12,50 m
Breite:	4,32 m
Tiefgang:	2,46 m
Verdrängung, leer:	14,30 t
beladen:	16,45 t
Ballast:	5,50 t
Segelfläche (150% Genua)	133,6 m^2
Motor:	40,5 KW Volvo Penta
Diesel:	300 Liter
Wasser:	430 Liter
Verdr./LWL:	235
Segelfläche/Verdr.:	21,0
Ballastverhältnis:	33,4 %
Preis:	725.000 €

Weitere Modelle: Swan 56, 60, 62RS, 68, 70, 77, 80, 82RS, 100, 112RS

Ich erinnere mich gut, vor einigen Jahren an Bord einer 50ft Fahrtenyacht vom Süden Gran Canarias nach Santa Cruz de Teneriffe aufzukreuzen. Zwischen den Inseln beschleunigt der Wind, nicht selten herrschen hier stramme 6-7Bft, so auch damals. Delfine springen unermüdlich spielend zwischen den Schaumkronen aus dem Wasser, und achteraus bemerken wir eine Segelyacht. Wohl jeden Segler packt der Ehrgeiz, wenn zwei Yachten annähernd denselben Kurs haben, und so werden Schoten und Holepunkte nochmal nachgetrimmt, auch wenn das Boot bei diesem Wetter regelmäßig in dichte Gischtflagen taucht. Doch es nützt nichts. Langsam erkennen wir, wie eine ältere Swan 48 näherkommt und - einen höheren Kurs anliegend- langsam in Luv an uns vorbeizieht. Während ich beide Yachten vergleiche, wie sie gegen die Wellen voranstürmen, fällt mir ein, was der legendäre Uffa Fox schrieb: "The best ocean racer makes the best cruiser". Jetzt legt eine schwere Bö beide Yachten fast flach aufs Wasser, doch die Swan bleibt unbeeindruckt auf Kurs, und der Abstand vergrößert sich weiter. Uffa Fox provozierte damals viele Fahrtensegler, doch entscheiden Sie: An Bord welcher der beiden Yachten wären Sie lieber gewesen?

Swan 45

Oyster

Barbuda, Karibik

Ihr Lebensstandard erlaubt es heute immer mehr Menschen, sich schon weit vor ihrem Ruhestand Gedanken über die verbliebenen Wünsche und Ziele zu machen und deren Erfüllung aktiv anzugehen. Heute versucht man das Leben mit 'Qualität' zu füllen. Der lang gehegte Traum von einer Weltumsegelung oder wenigstens von einer Atlantiküberquerung mit der eigenen Yacht zählt für viele zu genau dieser Qualität. Organisierte 'Rallies' um die Welt und besonders die jährliche Atlantiküberquerung mit 'Händchenhalten', die ARC, sind ein anhaltender Erfolg. Gerade unter den Nachkommen der angelsächsischen Seefahrer scheint der Wunsch nach Gesellschaft in einem Club Gleichgesinnter dabei besonders ausgeprägt zu sein. Ganz oben steht, neben uneingeschränktem Komfort, Sicherheit sowohl für Leib und Leben als auch für die hohe finanzielle Investition in eine Yacht. All das und noch mehr bietet die englische Werft mit der höchsten Reputation: Oyster.

Bevor ich über das Deckhouse, die Bauweise und das Innenleben der Oyster Yachten schreibe, beginne ich mit der einzigartigen und exklusiven Betreuung der Kunden und ihrer Aufnahme in die 'Welt der Oyster'. Als Kunde kommen Sie hier nämlich in den Genuss eines wahrlich professionellen VIP-Services. So ist man als glücklicher Eigner nach der Übergabe seiner neuen Yacht erstmal eingeladen, sich in der Marina der Oyster Zentrale in Ipswich all die Zeit zu nehmen, die man benötigt, um die neue Errungenschaft und ihre umfangreichen Systeme kennen und bedienen zu lernen. Je nach Lust, Laune und Erfahrung kann dies zwei Tage oder auch eine ganze Woche dauern, in der man mit seinem persönlichen Projektmanager und einem Oyster Skipper segelt, ausprobiert und meist auch eine Menge dazulernen wird. Dann kommt der Tag, an dem man die Leinen loswirft und wohl

Während der 'Oyster Week Antigua' ist Nelson's Dockyard reserviert: Sorry, 'Oyster Owners Only'

so schnell nicht mehr nach Ipswich zurückkehrt. Doch allein gelassen wird man nicht. Drei Monate später - es ist nicht untypisch für eine Oyster, nun unter karibischer Sonne zu segeln - meldet sich Besuch an. Ein extra angereister Oyster Mitarbeiter erkundigt sich im Auftrag der Werft, ob es Probleme gibt, ob irgend etwas repariert werden muss. Zwei, drei Tage wird die Yacht nun erneut auf Herz und Nieren geprüft. Die meisten Eigner nutzen diese Gelegenheit, sich jetzt die weiteren Feinheiten der Systeme, vor allem der elektronischen Geräte, erklären zu lassen. Eine moderne Yacht ist oft zu komplex, um sie nach einem ersten Anlauf bereits in allen Details zu beherrschen. Noch nicht genug! Sechs Monate später - wiederum ist es völlig gleichgültig, wo die Yacht sich befindet - wird Oyster einen erneuten umfassenden Check durchführen und wiederum alle Probleme und Unklarheiten beseitigen. Ein besonderes Augenmerk gilt nun dem Pflege- und Wartungszustand der Yacht. Oft ist jetzt der ideale Zeitpunkt gekommen für Hilfestellung auf diesem Gebiet. Ebenso kostenfrei und einmalig ist ein besonderer Service für jeden Oyster-Eigner, der an der bereits erwähnten ARC, der 'Atlantic Rally for Cruisers', teilnimmt. 2001 waren insgesamt 225 Yachten mit von der Partie, gemeinsam von den Kanaren in die Karibik überzusetzen. Doch nur die zwölf Oysters unter ihnen wurden vor dem Ablegen in Las Palmas von einem fünfköpfigem Werftteam vom Masttopp bis in die Bilge durchgecheckt, und nur deren Crews wurden auch zur 'Oyster Party' eingeladen. All das schafft objektiv mehr Sicherheit, gibt vielen Eignern aber auch ein weiteres Gefühl der Absicherung, 'das letzte o.k.'. Ein Service, der genau zur Philosophie der ARC passt. In den 16 Jahren seit der Gründung dieser Veranstaltung ist Oyster mit mehr als 140 Yachten konkurrenzlos stark vertreten. Es gibt eigene Oyster Pokale für die schnellsten Überfahrten zu gewinnen, und in der Karibik wartet dann bereits die 'Oyster Week Antigua' im April. Ebenso gibt es einen Oyster Event in Palma de Mallorca und jedes Jahr in London offizielle Empfänge und Dinner Parties. Nicht dass man teilnehmen müsste, aber man besitzt auch als Eigner einer 20 Jahre alten, Secondhand-Oyster noch all diese 'Club-Privilegien' und genießt den unübertroffenen 'after sales' Service.

Hinter Oyster steht bis heute Werftgründer und Segelschwergewicht Richard Matthews. Als einer der erfolgreichsten Regattasegler Englands sieht man ihn auf seiner eigenen 12m-R-Yacht 'Crusader' ebenso wie auf immer wieder neuen Modellen aus der eigenen Werft. Zur Zeit ist es die persönlich 24ste Yacht, eine Oyster 62. Richard Matthews gründete die Werft 1973. Anfangs baute Oyster schnelle Fahrtensegler und erfolgreiche Regattayachten unter IOR-Vermessung. 1979 entwickelte sich dann das bis heute untrennbar mit Oyster verbundene Design der Decksalonyacht. Das erste Modell mit dieser

Eine Oyster erkennt man sofort. Hier ist es die 45, ausgezeichnet mit den gleichen charakteristischen Designmerkmalen wie alle Oyster aus der Flotte bis 100 Fuß Länge.

Der Salon der Oyster 42. Kaum eine andere Yacht dieser Größe bietet so viel Licht, Raum und Qualität unter Deck. Zwei der nach vorne weisenden Fenster lassen sich öffnen.

Der ganze Luxus eines Decksalons. Hier blicken wir ins Innere der Oyster 49, welches von dem Designer Dick Young gestaltet wurde. Trotz Teppich ist der neue Stil des Bodens im Schachbrettmuster zu sehen. Der Tisch kann auf doppelte Größe ausgeklappt werden.

Oyster 49. Keine Achterkabine, sondern ein Schlafzimmer, das man um die Welt segeln kann.

Oyster 45. Die Galley befindet sich im Durchgang nach achtern. Mit je einem Fenster im Aufbau und im Freibord gewährt sie dem Koch sowohl frische Luft als auch einen Blick nach draußen.

Im genauso soliden wie hochwertigen Ausbau einer Oyster – hier hat man sich für Eiche entschieden – findet man jede Menge traditionelle Schlitz-Zapfen-Verbindungen.

'Erfindung' war die Oyster 46, ein Design von Holman & Pye. Heute stammen die neuesten Modelle aus dem Büro von Rob Humphreys und lassen weiter optimierte und etwas modernere, breitere Rumpflinien erkennen. Doch Oyster sind Blauwasseryachten. Sie haben alle eine relativ lange Wasserlinie, aber dabei auch eine vernünftige Verdrängung für angenehmes Seeverhalten und große Zuladungskapazität. Sogar in den einfachen Profilzeichnungen kann man das verhältnismäßig große Rumpfvolumen unter Wasser erkennen. Eine Oyster segelt schnell, auch bei ordentlich Wind und Welle. Ihr Geschwindigkeitspotenzial kann von einer Fahrtencrew ermüdungsfrei auch über lange Seestrecken ausgeschöpft werden. Das ist für Blauwassersegler viel entscheidender als die Frage, ob andere Yachten einen geschützten Dreieckskurs unter Land nun schneller absolvieren könnten oder nicht. Alle Oyster haben einen Wulstkiel mit tiefem Schwerpunkt und ein Ruder mit kräftigem Skeg. Über Wasser dominiert der Decksalon die äußere Erscheinung. Er sorgt für einen ungewohnt großen, lichtdurchfluteten Innenraum mit hervorragender Belüftung, da sich die vorderen Fenster ausstellen lassen. Im Gegensatz zum Pilothouse soll der Decksalon nur im Stehen einen direkten Blick nach draußen gewähren. Unter dem Salonboden haben die in den Rumpf integrierten GFK-Tanks für Frischwasser und Diesel ihren optimalen Platz mittschiffs. Motor und Generator liegen unter dem Centercockpit. Es muss, denke ich, nicht extra darauf hingewiesen werden, dass das Cockpit recht hoch ist; was man dafür bekommt, ist ein unvergleichliches Raumangebot im Inneren mit der Pantry im Durchgang zur Achterkabine.

Die Produktion der Yachten ist auf mehrere exklusiv für Oyster arbeitende Betriebe verteilt. Der Formenbau für neue Modelle findet in Colchester statt, laminiert werden die Rümpfe bei Bridgeland in Norfolk. Der Ausbau wird von einer der beiden Traditionswerften Landamores oder Windboats in Wroxham, in der Nähe von Norwich, durchgeführt. Aufgeriggt und ihrem Element und Eigner übergeben werden die Yachten dann in Ipswich. Nur größere Modelle, ab 62 Fuß, werden bei Southampton Yacht Services gefertigt, einem sehr renommierten Unternehmen, an dem Oyster einen Mehrheitsanteil besitzt. Ein weiterer Oyster Werftbetrieb befindet sich in Neuseeland und stellt dort zur Zeit die neunte Oyster, eine 53, fertig.

In Sachen Bootsbau-Technologie ist man bei Oyster konservativ. Die Rümpfe bestehen aus Glasmatte und Gewebe mit Ortho-Polyesterharz handaufgelegt. Die Feinschicht hinter dem Gelcoat ist mit Iso-Polyesterharz, neuerdings mit Vinylesterharz getränkt. Erst ab 62 Fuß wird durchgehend Iso-Polyester im Laminataufbau verwendet. Das Massivlaminat ist kräftig ausgelegt und mit zahlreichen überlaminierten Schaumprofilen versteift. Wie lange Oyster noch bei dieser

Oyster Rümpfe sind konservativ, aber stark aus Polyester mit Matte und Gewebe gebaut. Hier sieht man eine Bodensektion mit kräftigen Aussteifungen, über die das Motorfundament laminiert wird.

Die neue von Rob Humphreys gezeichnete Oyster 49 auf Testfahrt.

zwar starken, aber doch low-tech Bauweise bleibt, kann ich natürlich nicht voraussagen. Ausschließlich positiv beeindruckt war ich aber von den ebenso konservativen Holzarbeiten beim Innenausbau. Ob sich die beiden in unmittelbarer Nähe gelegenen Ausbauwerften gegenseitig an Qualität zu übertrumpfen versuchen? Bestimmt! Bis in die letzte Ecke ist alles sauber gestrichen und versiegelt, sind Leitungen und Kabel beschriftet und übersichtlich verlegt. Grundsolide und sorgfältig wird eine erstaunliche Menge Massivholz in einer Oyster verarbeitet. Schubladen, Schränke und ebene Flächen schließen bündig mit einer Schattenfuge ab. Das moderne, luxuriöse Ambiente hat einen hohen Oyster-Wiedererkennungswert. Dazu tragen eigene Armaturen und ein typisches Design der Handläufe und Schlingerleisten bei. Als Holz wird Teak, amerikanische Eiche oder Kirsche verwendet. Alle Passungen und Holzverbindungen sind tadellos. Neuere Modelle in der Oyster Flotte erkennt man an dem weiter überarbeiteten Innendesign von Dick Young mit einem auffallenden Boden im Schachbrettmuster. Ungefähr 500 Angestellte arbeiten für Oyster, deren Modellpalette heute von 42 bis 100 Fuß Länge reicht. Die aktuellen Baunummern haben die 1000er Marke überschritten und die Auftragsbücher sind weiterhin randvoll. Die komplette Fertigstellung einer Oyster 49 dauert ungefähr neun bis zehn Monate. Von Anfang an und bis zur Übergabe wird dabei jeder Yacht ein Projektleiter zugewiesen. Er kontrolliert jedes Detail anhand langer Checklisten und hält die kleinsten Unreinheiten im Finish fest, bevor die Yacht nach Ipswich transportiert wird. Damit hat der Eigner immer seinen eigenen Ansprechpartner. Oyster Yachten werden in der Regel mit einer langen Wunschliste für eine komfortable Ausrüstung geordert. Dazu zählen etwa elektrische oder hydraulische Rollreffanlagen für die Vorsegel, Rollgroß, elektrische Winschen, Bugstrahlruder, Generator, Wassermacher, Klimaanlage, Waschmaschine, Kühlschrank und Gefriertruhe. Das alles soll in jedem Klima funktionieren und mit Strom versorgt werden, d.h. der Generator wird 1,5 bis 2 Stunden laufen,

Die Oyster 42 ist eine attraktive Decksalonyacht. Als einzige hat die kleinste der Oyster Flotte ein tieferes Achtercockpit.

morgens wie abends. Somit kann auf einer Oyster auch der elektrische Autopilot im Dauerbetrieb eingesetzt werden. Jeder erfahrene Skipper wird sich grundsätzlich immer die Positionen von jedem Seeventil und jedem Rumpfdurchbruch, vor allem unter der Wasserlinie, genau einprägen. Schätzen Sie mal, wie viele Rumpfdurchbrüche eine moderne Yacht dieser Größe haben kann! Als da wären: Kühlwasser-Einlass für den Motor sowie Kühlwasser-Auslass (beim 'trockenen' Auspuff, wie dem einer Oyster, ist das Kühlwasser vom eigentlichen Auspuff getrennt), das gleiche nochmal für den Generator, Auslass für die Spüle, Ein- und Auslass für zwei Toiletten bzw. Schwarzwassertanks, Auslass für zwei Duschen, Auslass für Bilgepumpen, Durchbrüche für Echolot und Log, Auslass für selbstlenzendes Cockpit, Auslass für Wassermacher, Entlüftungen für Schwarzwassertanks, Be- und Entlüftung des Propangas-Stauraums, Gebläseauslass der Motorraumentlüftung, Gebläseauslass der Batteriebox. Dazu noch vier weitere Auslässe in Höhe der Wasserlinie für den Wasserablauf von Deck, in die noch Waschmaschinen-Auslass und ähnliches eingeleitet werden können. Die Liste ist noch nicht komplett, insgesamt habe ich 29 Rumpfdurchbrüche gezählt, 18 davon unter der Wasserlinie! Ebenso zähle ich allein zwölf Wasserpumpen. Wie viel Meter Kabel und Schläuche in einer Oyster verlegt sind, damit kann ich nun nicht mehr aufwarten. Da man sich auch bei Oyster bewusst ist, dass eine große Zahl Seeventile leicht Anlass zu Besorgnis darstellt, möchte die Werft noch auf die Möglichkeit eines zentralen Systems mit nur zwei Rumpfdurchbrüchen unter Wasser verweisen. Ich wollte mit meiner kleinen Aufzählung auch nur einen kurzen Einblick geben, wie komplex eine solche Yacht - und nicht nur eine Oyster! - werden kann. Von der Elektronik ganz zu schweigen. Stellen Sie sich vor, was sich da erst alles in die Quere kommen kann. Läuft Ihre Yacht jedes Mal, wenn Sie einen Funkspruch über UKW senden, aus dem Ruder, weil der Windrichtungssensor des Autopiloten im Masttopp durch das elektrische Feld der Sprechfunkantenne irritiert wurde? Nur ein Beispiel aus der Praxis. Ob denn jemals alles hundertprozentig funktioniert, frage ich? „Absolut", wird mir versichert, und bei Oyster ist das kein leeres Versprechen. Keine andere Werft arbeitet so hart und überzeugt so sehr wie Oyster, dass alle Ausrüstung, aller Komfort nicht nur bei der Übergabe einwandfrei arbeiten, sondern auch alle Härten im Gebrauch aushalten werden. Oyster Eigner werden das bestätigen.

Die Oyster 485 hat sich auf vielen Ozeanüberquerungen bewährt und erfreut sich nach wie vor einer starken Nachfrage.

Technische Details

Oyster Marine Ltd
Fox's Marina
Ipswich, Suffolk IP2 8SA
England
www.oystermarine.com

OYSTER 42

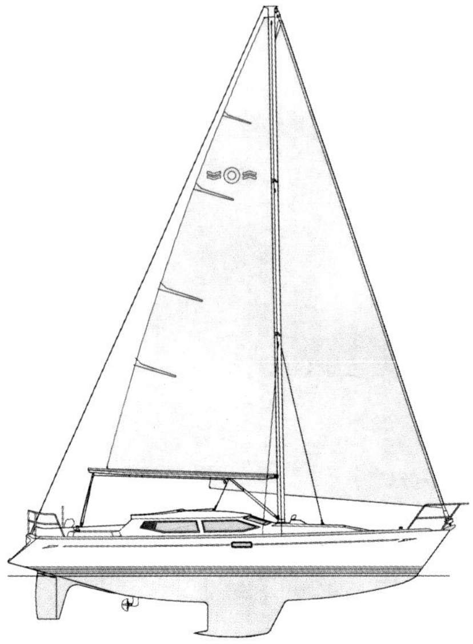

Design: Holman & Pye

Konstruktion: Polyester Massivlaminat, Deck Balsa-Sandwich

LOA:	13,26 m
LWL:	10,29 m
Breite:	3,91 m
Tiefgang:	1,83 m
Verdrängung, (Tanks halb voll):	12,06 t
Ballast:	3,67 t
Segelfläche (150% Genua):	90,3 m^2
Motor:	44KW Volvo
Diesel:	450 Liter
Wasser:	590 Liter
Verdr./LWL:	309
Segelfläche/Verdr.:	17,5
Ballastverhältnis:	30,4 %
Preis:	360.000 £ GB

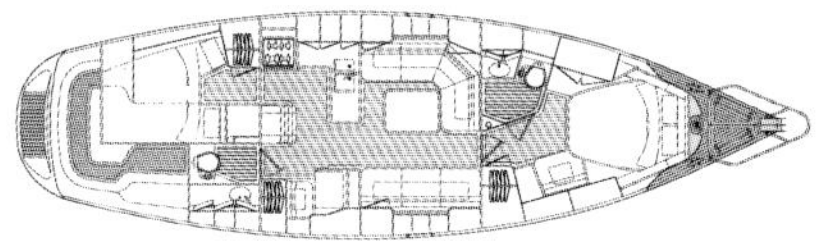

OYSTER 45

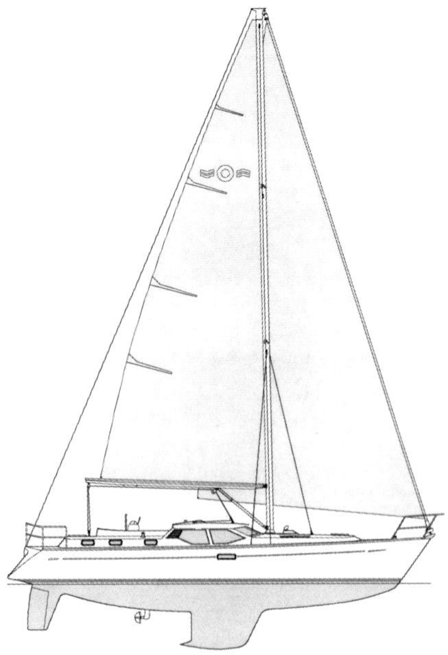

Design: Holman & Pye

Konstruktion: Polyester Massivlaminat, Deck Balsa-Sandwich

LOA:	13,98 m
LWL:	11,58 m
Breite:	4,27 m
Tiefgang:	1,98 m
Verdrängung, (Tanks halb voll):	15,87 t
Ballast:	5,26 t
Segelfläche (150% Genua):	105,1 m^2
Motor:	44KW Volvo
Diesel:	454 Liter
Wasser:	636 Liter
Verdr./LWL:	285
Segelfläche/Verdr.:	16,9
Ballastverhältnis:	33,1 %
Preis:	434.000 £ GB

Außerdem:
Die Oyster 47, bis auf eine Verlängerung im Heckbereich aber identisch mit Oyster 45.

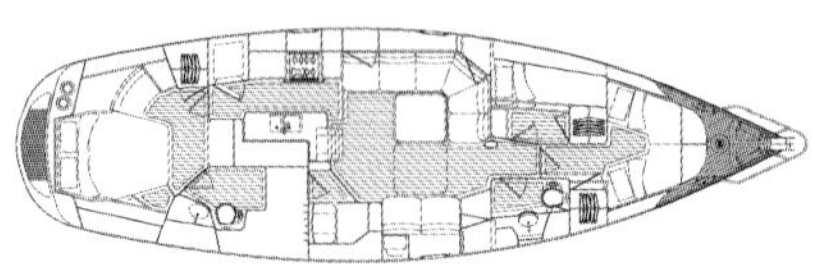

OYSTER 485

Konstruktion: Polyester Massivlaminat, Deck Balsa-Sandwich

Design: Holman & Pye

LOA:	15,25 m
LWL:	11,91 m
Breite:	4,27 m
Tiefgang:	2,18 m
Verdrängung, (Tanks halb voll):	18,60 t
Ballast:	5,90 t
Segelfläche (150% Genua):	114,4 m^2
Motor:	67 KW Perkins
Diesel:	550 Liter
Wasser:	750 Liter
Verdr./LWL:	307
Segelfläche/Verdr.:	16,6
Ballastverhältnis:	31,7 %
Preis:	543.000 £ GB

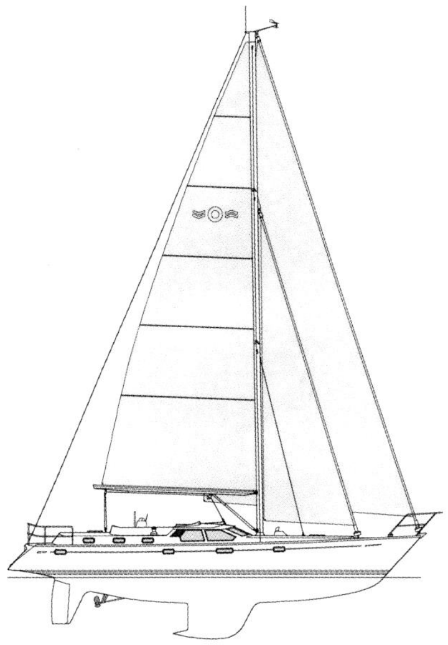

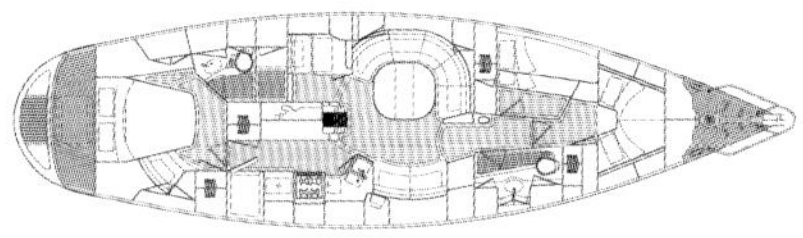

OYSTER 49

Design: Rob Humphreys

Konstruktion: Polyester Massivlaminat, Deck Balsa-Sandwich

LOA:	15,40 m
LWL:	13,35 m
Breite:	4,58 m
Tiefgang:	2,21 m
Verdrängung, (Tanks halb voll):	20,75 t
Ballast:	5,55 t
Segelfläche (150% Genua):	135,8 m^2
Motor:	74 KW Yanmar
Diesel:	900 Liter
Wasser:	850 Liter
Verdr./LWL:	243
Segelfläche/Verdr.:	18,3
Ballastverhältnis:	26,7 %
Preis:	640.000 £ GB

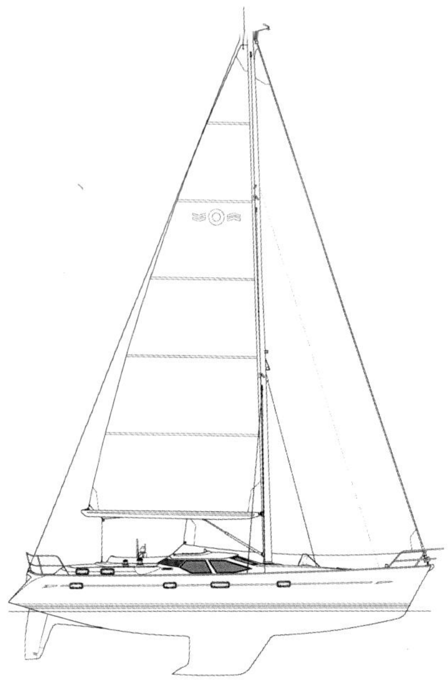

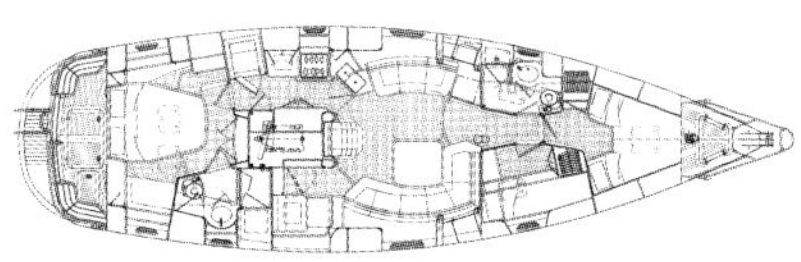

Weitere Modelle: Oyster 53, 56, 62, 63, 66, 70, 77, 100

Unterziehen wir doch einmal - geschlossenen Auges - einige Yachten einer ganz besonderen Bewährungsprobe. Schicken wir sie und uns doch einmal auf einen etwas extremeren, virtuellen Härtetest durch den Suezkanal ins Rote Meer und weitere 1000 Meilen in den Hafen von Massawa im kleinen, abgeschiedenen afrikanischen Staat Eritrea. Gefährliche Küsten, ein unerbittlicher Gegenwind und Behörden mit ihren Formularen haben bereits an unseren Kräften gezehrt, bis uns hier der erste Landgang gründlich den Magen verdorben hat. Nun liegen wir an einem der heißesten Orte der Welt bei unerträglicher Luftfeuchte in der Höhle einer imaginären Segelyacht vor Anker und driften ab in quälende Phantasien: Mensch, öffnen wir doch einfach ein paar Fenster nach vorne und lassen die sanfte Brise durch den Salon streichen! Ja, und lass die Klimaanlage schon jetzt die Luft in den Kabinen trocknen und kühlen für die nächste Nacht bei 33°C. Ah, mal schauen, welche Schätze sich noch in der Gefriertruhe befinden...

Oyster 49

Pacific Seacraft

Eine Pacific Seacraft 37 vor dem imposantesten Tor zum Ozean. Wer durch die Golden Gate in den Pazifik hinaus will, muss anfangs noch kreuzen. Dann aber sind es gute zweitausend Meilen bis zum nächsten Land: Hawaii.

Wenn zwei-, dreitausend oder noch mehr Meilen leerer Ozean vor dem Bug einer Segelyacht liegen, wenn kein Fünf-Tage-Wetterbericht die Crew absichern kann und kein Zufluchtshafen auf halber Strecke schnelle Sicherheit bietet, dann hat man sich selbst und sein Boot auf die Königsdisziplin des Segelns eingelassen – hier kommen die Wahrheiten ans Licht. Laut Verkaufsbroschüre sind ja alle Segelyachten auch für Langfahrt immer 'bestens geeignet', doch betrachten wir einen echten Spezialisten in dieser Disziplin: Pacific Seacraft.

Auf den ersten Blick fällt uns bei den Pacific Seacraft Yachten aus dem sonnigen Süden Kaliforniens sofort ihr Heck auf. Die Vor- und Nachteile eines Spitzgatthecks unter unterschiedlichen Bedingungen auf See – vor allem in Schwerwetterszenarien - sind ein beliebtes Diskussionsthema. Bis heute spaltet ein spitzes Yachtheck die Geister und Gemüter vieler Fahrtensegler, mehr vielleicht, als es die oft zitierten von achtern heranrollenden Brecher teilt. Das spitz zulaufende Heck stammt ursprünglich aus frühgeschichtlichen Zeiten, als Bootsrümpfe noch mit Tierhäuten über ein Holzgerippe bespannt wurden. Das wäre bei einem Spiegelheck schlecht möglich gewesen. Auch in der Geschichte großer Hochseeabenteuer unserer Zeit gibt es berühmte Einhandsegler, die für eine Spitzgattyacht zu sprechen

Das 'richtige' Spitzgattheck nach William Crealock. Typisch für dessen Entwürfe ist auch die ausgeprägte Leitfläche zwischen Kiel und Skeg.

scheinen. Vito Dumas mit seiner *'Leihg II'*, Jean Gau mit *'Atom'*, Bernard Moitessier mit *'Joshua'*, Robin Knox Johnston mit *'Suhaili'* und viele andere mehr haben die Seetüchtigkeit ihrer Spitzgatter unter den härtesten Bedingungen bewiesen. Trieb nicht Jean Gaus 30 Fuß *'Atom'* im September 1957 unbeschadet durch das Hurrikan-Inferno, in dem die deutsche Viermastbark *'Pamir'* sank. Im Design all dieser Boote ist das Erbe des norwegischen Konstrukteurs Colin Archer zu erkennen. Vor über hundert Jahren stellte Archer, Sohn schottischer Einwanderer, den norwegischen Fischern, die in offenen Booten und in eisiger Kälte rund um die Lofoten ihrer gefährlichen Arbeit nachgingen, verbesserte Rettungsfahrzeuge an ihre Seite und regte auch Verbesserungen im Design der Fischerboote selbst an. Bis dahin hatte es immer wieder große Verluste unter den Fischern gegeben. Dann erlangte Ende des 19. Jahrhunderts der von Archer entwickelte stäbige Typ seiner 'Redningskøite' im rauen Nordmeer schnell einen legendären Ruf für ausgesprochene Seetüchtigkeit und half, viele Menschenleben zu retten. Ein solcher 'Redningskøite' war ca. 14 Meter lang, 4,8 Meter breit und verdrängte gute 27 Tonnen. Archer stellt eine bemerkenswerte und erstaunliche Ausnahme unter den 'alten' Konstrukteuren dar, denn immer wieder gibt es Segler, die sich heute noch eine Fahrtenyacht nach seinen Linien selbst bauen oder bauen lassen. Auf welchen Bootstyp oder Designer in der Yachtgeschichte trifft das sonst noch zu? Dabei ist ein 'Colin Archer' - bei allem Respekt - kein geeignetes Design, um unabhängig von der Windrichtung von A nach B zu gelangen.

Ähnlich nostalgisch verklärt wäre es zu behaupten, Slocums 'Spray' sei die ideale Yacht für eine Weltumsegelung. Was ein Colin Archer hervorragend beherrscht, ist, mit weichem Seeverhalten vor Topp und Takel zu treiben. Das entsprach oft genau seinem Einsatz auf See, doch gehört es nicht zu seiner vorrangigen Qualität, schnell zu segeln oder dabei gar flott nach Luv voranzukommen. Betrachten wir zum Beispiel die Formstabilität. Hier geht man in der Regel von einem statisch im Wasser liegenden Rumpf aus. Doch das genügt nicht, denn ein schwerer, breiter Spitzgatter erzeugt bei annähernder Rumpfgeschwindigkeit ein relativ großes Wellensystem. Mittschiffs, wo die für die Formstabilität wichtige große Breite ist, entsteht jetzt ein tiefes Wellental, in das der Rumpf sackt, und auf Höhe des Wellenberges achtern kann sich das spitze Heck kaum 'abstützen'. Formstabilität und damit Segeltragevermögen haben mit der Fahrt durchs Wasser abgenommen! Die unbezweifelten seetüchtigen Eigenschaften eines Colin Archer sind also so gesehen umso besser, je langsamer er vorankommt - ideal für treibende Rettungsboote, weniger für eine inspirierende 'Performance' unter Segel.

Die Pacific Seacraft 44

PSC 40. Durch ein hohes und sicheres Brückendeck fällt auch die Treppe des Niedergangs relativ hoch aus. Man beachte: sechs Wasserhähne an der Spüle! Die durch Reißverschlüsse leicht zu entfernende Innenverkleidung des Aufbaus ist zwar praktisch, doch auch etwas ungewöhnlich.

Die Pacific Seacraft Yachten haben absolut nichts mit norwegischen Rettungsbooten zu tun. Ich habe so weit ausgeholt, weil leider oft alle Spitzgatter in einen Topf geworfen werden. Bei Konstrukteuren wie L. Francis Herreshoff oder William Fife finden wir ganz andere, elegante, in die Länge gezogene Spitzgatthecks. Auch Uffa Fox war ein Anhänger von ästhetischen Rumpflinien, die bis zu ihrem natürlichen Ende nach achtern ausgeführt sein sollten, um die See so möglichst wenig zu 'stören'. Seit den 50er Jahren sah man dann vorwiegend auf amerikanischen Fahrtenyachten, wie sich die ursprünglich skandinavischen, gerundeten sowie spitzen Heckformen weiter entwickelten. Obwohl sich diese Yachten von einem 'Colin Archer' bereits weit entfernt hatten, sollten sie mit ihrem Heck vor allem Hochsee-Sicherheit suggerieren. Das Hauptargument ist, dass beim Ablaufen vor einem Sturm die von achtern überholenden Wellenkämme vom spitzen Heck wie von einem Bug geteilt werden. Die Frage, wie realitätsnah oder -fern das ist, muss man weiter stellen. Fest steht, dass die Form des Hecks in dieser Situation einen oft unterschätzten Einfluss hat. Das ideale Heck hat einen ausreichend großen Reserveauftrieb, um nicht überspült zu werden - deutlich mehr als ein traditioneller Colin Archer. Es bietet dabei den Wellen eine möglichst kleine Angriffsfläche – eine wesentlich kleinere als das fast motorbootartige Heck mancher 'moderner' Yachten, die damit in brechenden Wellenkämmen querzuschlagen drohen. Solchen Anforderungen soll der neuere Typ des amerikanischen Doppelenders mit seinem Canoe-Heck gerecht werden.

Die Pacific Seacraft Yachten zählen zu den gelungensten und schönsten Beispielen dieser Gattung. Deutlich erkennt man den längeren Überhang des Hecks durch die nach hinten auslaufenden Schnitte, die erst weit über der Wasserlinie und dann in einem engeren Radius nach oben geführt sind. Es bedarf sehr sorgfältiger Arbeit des Designers, um zu einem so ansprechenden Ergebnis mit ebenso hervorragenden Segeleigenschaften zu kommen.

Der Salon der Pacific Seacraft 40. Die sichtbaren weißen Flächen der Einrichtung sind Teil der stark dimensionierten GFK-Module, die den Rumpf zusätzlich aussteifen. In diesem Boot fehlt allerdings noch der Mast, der später in der Aussparung des Salontisches stehen wird.

Ein starkes, doppeltes Ankergeschirr auf einem kurzen Bugspriet. Diese Ankerwinsch ist optimal zu bedienen. Ihr Podest sowie die Erhöhung des Decks entlang der Mittschiffslinie bieten zudem sicheren Halt für die Füße. Bugkorb und Relingstützen der Pacific Seacraft sind 80 cm hoch. Sie sind immer seitlich an die Fußreling geschraubt, somit stabiler und immun gegen Leckagen.

William Crealock ist der Designer der Pacific Seacraft Segelyachten und gehört zu den in den USA bekanntesten Autoritäten in der Frage, wie eine ideale Langfahrtyacht auszusehen hat. Nach einem Schiffbaustudium in Glasgow und dem Abschluss eines damals nur selten angebotenen Zusatzkurses in Yachtdesign hielt es den gebürtigen Engländer nicht mehr lange in der Heimat. Zusammen mit Freunden erstand er einen alten 40 Fuß Kutter, der ihn in den nächsten zweieinhalb Jahren nach Amerika brachte. Insgesamt fast acht Jahre lang lebte Bill Crealock seit dem Aufbruch von England auf verschiedenen Segelyachten. Seine Abenteuer trieben ihn weiter bis in die Südsee, wo er die meiste Zeit verbrachte. Seitdem sind 50 Jahre vergangen. Man kann Bill Crealock nur darum beneiden, die Welt entdeckt zu haben, ehe Touristen in die entferntesten Winkel strömten: „Die Begegnungen mit noch so völlig unverdorbenen Menschen gehören zu meinen schönsten Erinnerungen. Genauso wie die unverbauten Küsten... oder die Fabelwelt der Galapagos.“ Dreimal überquerte er den Pazifik und war als Navigator Teilnehmer einer meeresbiologischen Expedition auf einem großen Schoner, bis ein Taifun dessen Masten von oben kommen ließ. Wohlbehalten nach Newport Beach in Kalifornien zurückgekehrt, eröffnete er dort 1957 ein eigenes Yacht-Designbüro. Bis heute wurden über 8000 Boote nach Crealock-Entwürfen gebaut. Von Dingis über große Motoryachten bis hin zu einer 90 Fuß Brigantine. Doch das Design von Fahrtensegelyachten ist Kernstück seiner Arbeit. Fast alle Werften der US Westküste haben Boote nach seinen Vorgaben auf den Markt gebracht. Bill Crealock: „Ich glaube, bei Durchsicht alter Zeichnungen fiel mir meine Vorliebe für Spitzgatter wieder ein, die ich seit meiner Jugend hegte. Im Holzbootsbau war diese Rumpfform sehr aufwendig und damit meist zu teuer, aber jetzt mit GFK sah ich meine Chance. So entstand damals die Westsail 42.“ Mitte der 70er Jahre begann die Zusammenarbeit mit der zu dieser Zeit gegründeten Werft Pacific Seacraft. Hier entstehen immer noch zwei der Urgesteine amerikanischer Cruising Yachten, die Crealock 34 (über 330 mal gebaut) und die Crealock 37 (über 260 mal gebaut). Dazu kamen 1990 die Pacific Seacraft 44 (17 mal gebaut) und 1995 die Pacific Seacraft 40 (bereits 51 mal gebaut). Sie sind allesamt Spitzgatter mit dem für Crealock typischen Canoe-Heck. Daneben baut die Werft in Dana Point, an der Küste zwischen Los Angeles und San Diego, mit ca. 100 Mitarbeitern auch noch die Trawleryacht Nordhaven 40 – ebenfalls für weite Seereisen geeignet – wenngleich auch unter

Die vorbildliche Elektroinstallation ist ohne eine Schraube zu lösen jederzeit zugänglich.

PSC 40. Die Scheuerleiste auf Höhe des Freibords wird wohl auf jeder Pacific Seacraft den Rumpf früher oder später einmal vor einem unansehnlichen Kratzer bewahren helfen. Darüber erkennt man das außen liegende und mit dem Rumpf verbolzte Rüsteisen zur Befestigung der Wanten.

Motor. Pacific Seacraft fertigt außerordentlich solide, ja vielleicht überhaupt die solidesten Serien-Segelyachten der Welt. Die Rümpfe, deren Spitzgatt-Hecks auch in der Frage nach ultimativer Festigkeit optimal, weil rund, gestaltet sind, entstehen in einem Stück aus Iso-Polyester. Die beiden größeren Modelle haben zwischen stark bemessenen Außen- und Innenlaminaten einen Sandwichkern aus Balsahirnholz. Werft und Designer sind sich in ihren hohen Qualitätsansprüchen absolut einig. Sie wissen beide, dass ihre Anforderungen an Festigkeit exzessiv sind, und haben dabei eine Vorliebe für die Verbindungskraft starker Gewindebolzen entwickelt. Das fällt sofort an der Befestigung der Püttinge auf, aber auch die Schotte sind beispielsweise mit einem lamellierten Decksbalken und auch mit dem Deck durchgehend verbolzt. Natürlich ist das nur eine Zusatzmaßnahme, beiderseitig einlaminiert sind die Schotte selbstverständlich auch. Den Rumpf selbst steift zudem ein überaus starkes GFK-Modul aus, das einen sichtbaren Teil der Inneneinrichtung bildet. Die Offshore-Tauglichkeit dieser Yachten erkennt man an zahlreichen Details, hier nur ein Auszug: Stark dimensioniertes, doppeltes Ankergeschirr mit zwei getrennten Kettenkästen, die hohe, umlaufende Fußreling für sicheren Halt und die wirklich dichte Garage für das Schiebeluk, zahlreiche starke und zu öffnende Schiffsfenster aus verchromter Bronze für eine gute Ventilation (auf der PSC 44 sind es 14 Stück), die absolut besten und solidesten Bodenbretter mit einem Kern aus GFK, Batterien, die unverrückbar mit großen Rändelschrauben festgehalten werden, eine Elektroinstallation, die jederzeit leicht zugänglich ist, eine Frischwasserversorgung, die auch rein manuell, also ohne Stromverbrauch bedient werden kann, eine Galley, in der man sich verkeilen kann, mit Spülen auf der Mittschiffslinie - und vieles andere mehr.

Zurück zu den essentiellen Designmerkmalen

Bill Crealocks spezielle Anforderungen an eine Blauwasser-Yacht entstammen seinen eigenen langjährigen Erfahrungen.

Sorgsam und gewissenhaft werden die Pacific Seacraft Yachten in Süd-Kalifornien ausgebaut.

dieser Blauwasseryachten: Das klassische Kutterrigg ist mit seiner anpassungsfähigen Segelfläche leicht zu beherrschen. Unter Wasser hat man sich bei den Crealock Yachten das zu Herzen genommen, was für Fahrtensegler eigentlich klar und wünschenswert ist. Es sind keine revolutionären Erkenntnisse, aber man sieht sie hier endlich einmal konsequent in die Tat umgesetzt: Ein tiefer Vorfuß, der in einer ausgeprägten Rundung zum Kiel abfällt, verhindert Schlagen und Stampfen im Seegang. Die Vorderkante des Kiels ist schräg genug um Leinen, Netze und anderes leicht abzustreifen. Die nicht zu kurze Kielsohle verläuft parallel zur Wasserlinie, wünschenswert, wenn das Boot auf eine Slipbahn kommt oder trockenfallen soll. Der Kiel selbst ist ein gemäßigter Flossenkiel. Kiel und Skeg sind mit einer für Crealock typischen ventralen Leitfläche verbunden, die den Rumpf in Längsrichtung zusätzlich versteift, vor allem aber die Richtungsstabilität der Yacht erhöht. Das sind Vorteile, die gegenüber der dadurch entstandenen leicht vergrößerten benetzten Oberfläche klar überwiegen. Weiter: Der Skeg aus massivem GFK ist mit einer Stahlstrebe verstärkt und schützt den Propeller in einer nicht zu knapp bemessenen Öffnung. Das Ruder, der neuralgisch wichtigste Punkt unter Wasser, ist ebenfalls mit einer Stahleinlage versehen, die an den 60 mm dicken Schaft aus Edelstahl geschweißt ist (PSC 44). Zu guter Letzt sollte der Skeg als Schutz bei Grundberührung immer etwas tiefer reichen als das Ruder - und auch das sehen wir hier verwirklicht.

William Crealock ist der erste, der einräumt, dass Kiel, Ruder und Rumpflinien unter Wasser einen noch größeren Einfluss haben als sein schönes Canoe-Heck. „Das Heck hat nichts mit Magie zu tun, ich behaupte auch nicht, dass es die einzig wahre Lösung darstellt. Wichtig bei einem Canoe-Heck aber ist das sorgfältige Design von flacheren Linien vor dem Abriss. In wirklich schlechtem Wetter, ich sage immer, wenn du dich nicht einfach nach den Wellen umdrehst, sondern dich umdrehst und dann den Kopf in den Nacken legen musst, um den nächsten Wellenkamm zu erblicken, wenn das Boot also ohne ein gesetztes Segel mit durchschnittlich zehn Knoten die Wellen hinabsurft, dann sind diese Linien ausschlaggebend für einen kontrollierten Surf. So mancher Eigner hat uns berichtet, wie gutmütig und sicher unsere Yachten in solchen Extremsituationen noch zu steuern waren. Ich hätte ihm beim Kauf der Yacht ja nicht erzählt, dass so eine Situation ein Kinderspiel sei, aber wenn er es später selbst behauptet..." Jeder beschreibt Bill Crealock als wahren Gentleman. Auch über Stürme spricht er gleichermaßen wohlartikuliert in seiner ruhigen Art, nicht ohne Humor, aber vor allem - und das zählt hier - spricht er aus der Segelerfahrung mit sowohl trockenen, als auch überspülten Cockpits. Bill Crealock schrieb einige Bücher über seine Erlebnisse in der Südsee und hält regelmäßig Vorträge für Fahrtensegler und alle, die den Drang verspüren, einmal die Leinen loszuwerfen. In seiner Wahlheimat Kalifornien können er und die zwei Angestellten seines kleinen Designbüros sich derweil nicht über mangelnde Aufträge beklagen. Fortune Magazine listet unter den einhundert Dingen, in denen Amerika angeblich einfach unschlagbar ist, neben dem F-15 Jagdflugzeug und Levis-Jeans eine einzige Segelyacht auf: die bei uns weitgehend unbekannte Crealock 37. Im Februar 2002 wurde die Crealock 37, nun auch Pacific Seacraft 37 genannt, schließlich in die Ehrenriege der 'American Sailboat Hall of Fame' aufgenommen.

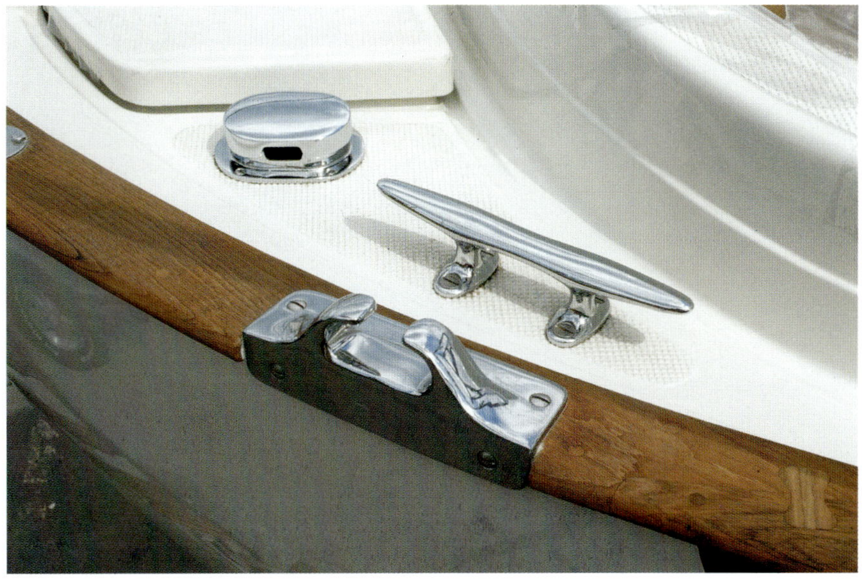

Details im Heckbereich der Pacific Seacraft. Man beachte auch die Schandeckel-Leiste und das zur Sicherung der Schäftung formschlüssig eingelassene 'Schloss' aus Teak.

Technische Details

Pacific Seacraft
1301 E Orangethorpe Ave
Fullerton 92631
California
USA
www.pacificseacraft.com

PACIFIC SEACRAFT 37

Design: W.I.B. Crealock

Konstruktion: Iso-Polyester, Vinylester Schutzschicht, Glas, Massivlaminat

LOA:	11,25 m
LWL:	8,46 m
Breite:	3,30 m
Tiefgang:	1,68 m
Verdrängung:	7,26 t
Ballast:	2,81 t
Segelfläche (100% Vorsegeldreieck):	57,5 m^2
Motor:	37 KW Yanmar
Diesel:	140 Liter
Wasser:	322 Liter
Verdr./LWL:	334
Segelfläche/Verdr.:	15,6
Ballastverhältnis:	38,8 %
Preis:	198.000 $ US

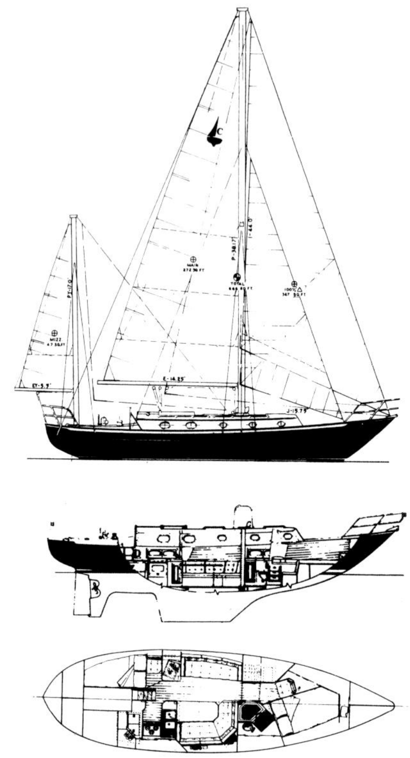

Das Yawl-Rigg der Pacific Seacraft 37 ist eine schöne Option.

PACIFIC SEACRAFT 40

Design: W.I.B. Crealock

Konstruktion: Iso-Polyester, Vinylester Schutzschicht, Glas, Balsa-Sandwich im Freibord

LOA:	12,85 m
LWL:	9,53 m
Breite:	3,78 m
Tiefgang:	1,85 m
Verdrängung:	10,89 t
Ballast:	3,90 t
Segelfläche (Kutterrigg insges.):	95,7 m^2
(100% Vorsegeldreieck):	78,6 m^2
Motor:	37 KW Yanmar
Diesel:	265 Liter
Wasser:	590 Liter
Verdr./LWL:	351
Segelfläche/Verdr. (insges.):	19,8
Segelfläche/Verdr. (100%):	16,3
Ballastverhältnis:	35,8 %
Preis:	298.000 $ US

PACIFIC SEACRAFT 44

Design: W.I.B. Crealock

Konstruktion: Iso-Polyester, Vinylester Schutzschicht, Glas, Balsa-Sandwich-Rumpf

LOA:	13,44	m
LWL:	10,24	m
Breite:	3,86	m
Tiefgang:	1,90	m
Verdrängung:	12,47	t
Ballast:	4,99	t
Segelfläche (Kutterrigg insges.):	112,5	m^2
(100% Vorsegeldreieck):	90,7	m^2
Motor:	37 KW	Yanmar
Diesel:	299	Liter
Wasser:	397	Liter
Verdr./LWL:	323	
Segelfläche/Verdr.(insges.):	21,3	
Segelfläche/Verdr. (100%):	17,1	
Ballastverhältnis:	40,0	%
Preis:	378.000	$ US

Weitere Modelle der Werft: Dana 24, Pacific Seacraft / Crealock 34

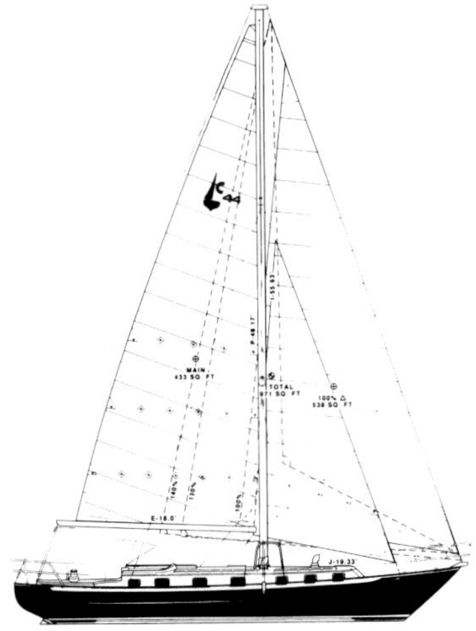

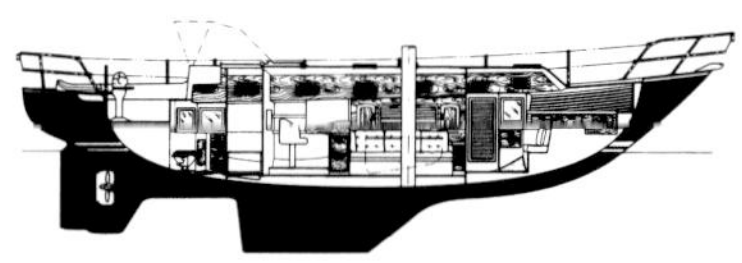

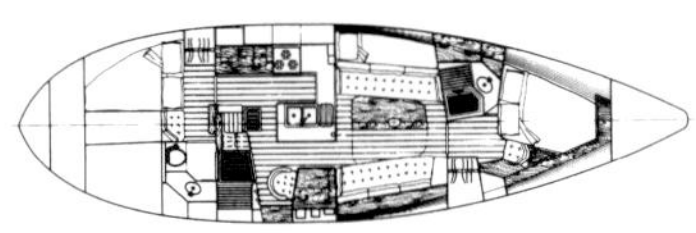

Eine Yacht, die wie die Pacific Seacraft für lange Ozeanstrecken ausgelegt ist, kann genauso gut bei einem Zwei-Meilen-Sprung zurück vom Cappuccino auf einer kleinen Mittelmeerinsel die Vorteile ihres robusten und einfachen Handlings zeigen. Ein Manko der meisten Segelyachten ist, dass keine effektiven, stark gerefften Amwindsegel gesetzt werden können bzw. nicht vorhanden sind. In der Mittagshitze zwischen den Häusern und vor den Cafés hat man kaum bemerkt, wie der Wind zuzulegen begann. Schlendert man nun um die Ecken zum Hafen hinunter, sieht man das Meer auf einmal voller Schaumkronen. An Bord pfeift es ringsherum in den Wanten, die Masten wiegen sich im Druck des Windes, und sage und schreibe 28 Knoten zeigt der Windmesser bei schönstem Sonnenschein. Wer setzt nun wegen zwei Meilen überhaupt Segel und kreuzt die kurze Strecke gegenan zurück zum Festland? - Jeder, dessen Segel-Idealismus nicht durch die einzig vorhandene Rollgenua zunichte gemacht wurde! Auf einer Pacific Seacraft bindet man das zweite Reff ins Groß und trimmt das kleine Stagsegel bereits beim Passieren der Hafenausfahrt dicht. Motor aus - hinein ins Vergnügen!

Pacific Seacraft 40

Puffin

Puffin 42

„Der Naturgewalt gegenüberzutreten ist mit Sicherheit keine leichtfertige Angelegenheit, wenn die See zu ihrer überwältigendsten Form aufläuft. Du musst die See dann kennen, und du musst dir sicher sein, sie zu kennen und du darfst nicht vergessen, dass sie dafür geschaffen wurde, um auf ihr zu segeln."
(Joshua Slocum, Sailing Alone Around the World, New York, 1899)

Olivier van Meer am Steuer einer Puffin 50. Der in einer Klüse gefahrene Patentanker ist jederzeit klar zum Fallen und erübrigt die Handhabung eines Ankers an Deck.

Erfahrung ist das wertvollste Gut an Bord eines Schiffes oder einer Yacht, schreibt Slocum nach der ersten Einhand-Weltumsegelung vor über hundert Jahren. Wenn man seine weiteren Ausführungen über das wirklich Wichtige auf See unserer Zeit anzupassen versucht, dann könnte man sagen, dass weder sämtliche Segelscheine noch das atmungsaktivste und bunteste Ölzeug jemals den Erfahrungsschatz eines Skippers ersetzen können. Geht man von solchen, manchmal rauen Erfahrungen aus, dann kommen einem die Mehrzahl aller Boote und Yachten, damals wie heute, ungeeignet und eher wie ein zartes Spielzeug vor. Natürlich sind Segler mit Anforderungen, wie aus der Berufsschifffahrt, eine winzige Minderheit, ebenso wie Segler, die abseits der Trampelpfade auf große Fahrt gehen wollen. Yachtkonstrukteure aber, die ihre Yachten als ein Zuhause in dieser raueren Wirklichkeit der See entwerfen und auch entwerfen können, sind noch seltener. Denn sie sollten möglichst viele dieser Erfahrungen selbst durchlebt haben, um Wichtiges von Unwichtigem zu trennen. Niemand lernt dabei je aus. Auch der holländische Yachtdesigner Olivier F. van Meer hat keine Zeit vergeudet beim Sammeln dieses wertvollsten Gutes: Erfahrung.

So wird er 1964 an Bord der Familienyacht geboren, auf dem 22 Meter Schoner *'Johanna Lucretia'*. 17 Jahre später erhält er, als bislang Jüngster in Holland, ein Steuermann- und Kapitänspatent und segelt in den nächsten 10 Jahren über 100.000 Meilen zwischen Skandinavien, den Britischen Inseln und den USA. Olivier arbeitet als Skipper auf großen Charteryachten und auf Überführungstörns und wie es wohl bei fast jedem Segler der Fall ist, hat er ständig Ideen und Pläne im Kopf, wie die optimale Yacht aussehen müsste. Normalerweise kommt man dabei nie zu einem endgültigen Ergebnis, denn schon nächstes Jahr sind neue Erfahrungen dazugekommen und neue Aspekte in den

Die Puffin 42 in flotter Fahrt mit gerefftem Groß und Klüver und einer rauschenden Bugwelle.

Blick in den Wohnraum einer Puffin 50. Die Türen zu Bad und weiteren Kabinen haben fast häuslichen Charakter.

Vordergrund gerückt. Leidet man an dieser echten Seglerkrankheit wie Olivier und hat ständig die erstrebenswerteste Yacht vor Augen, kommt es zum nächsten Schritt. Aus den Gedankenspielen entstehen ungezählte Skizzen und Oliviers Papierverbrauch an Bord wird beachtlich. Gleichzeitig belegt er Yachtdesign-Fernkurse des renommierten Westlawn Instituts. Anfang der 90er Jahre macht sich Olivier van Meer schließlich mit einem eigenen Büro als Yachtdesigner in Enkhuizen selbstständig. Durch seine Konstrukteursarbeit für die Riggs der über 100 Meter langen Segel-Kreuzfahrtschiffe *'Star Flyer'* und *'Star Clipper'* wie durch den - nach seinem Entwurf gebauten - wunderschönen klassischen 38 Meter Schoner *'Zaca A Te Moana'* erringt van Meer weitere Aufmerksamkeit und Anerkennung. Dabei ist Olivier noch in seinen Zwanzigern! Sein unvergleichlich großer Erfahrungsschatz aus der Praxis bildet bereits das wesentliche Fundament beim Entwurf der ersten Puffin 50. Ein Entwurf, der nicht durch Vorstellungen eines Auftraggebers beeinflusst wurde, ja eigentlich gar nicht für eine kommerzielle Produktion konzipiert war, und der, wie Olivier sagt, „über die Jahre gereift ist, sich entfaltet und vervollkommnet hat wie ein teurer Wein".

Puffin ist der kleine, robust-kompakte Papageientaucher mit seinem überaus starken Schnabel, ein passender Name für diese Yacht, die bereits auf den ersten Blick ganz anders aussieht. Eine Puffin wirkt massiv wie ein kleines Schiff. Besonders die Puffin 50 mit ihrem Verdrängung/LWL Verhältnis von 334 ist ein echtes Schwergewicht. Dabei ist dieser Wert sogar noch durch fehlende Überhänge und die somit ausgesprochen lange Wasserlinie abgeschwächt. Wer allerdings eine Puffin mit ihrem senkrechten Steven und dem langen Bugspriet kurzerhand als schwere Kutteryacht bezeichnet, wird ihr nicht gerecht. - Der Begriff Kutter kann bereits verwirren, denn er hat, wie viele nautische Begriffe, mehrere Bedeutungen. Ursprüng-

Die 'Galley' an Bord der Puffin 50.

lich, Mitte des 18. Jahrhunderts, bezeichnete er lediglich das schnittige Landungsboot eines Schiffes mit in der Regel acht Riemen und zwei, manchmal drei kurzen Masten mit baumlosen Segeln - daher auch die Bezeichnung bei den Ausbildungs- und Jugendkuttern. Später verstand man unter Kutter immer einen Segler mit nur einem Mast und einziehbarem Bugspriet. Es entwickelte sich der englische 'Cutter' mit dem 'Nationalrigg', der unter der Themse-Vermessung immer schmäler und tiefer wurde und dann den typischen senkrechten Steven bekam. Heutzutage versteht man unter Kutter meist überhaupt keine bestimmte Rumpfform mehr, sondern nur noch zwei hintereinander gesetzte Vorsegel - das sogenannte Kutterrigg. Die Puffin ist ein eigener Typ, eine Kombination aus verschiedenen Merkmalen, etwas Neues. Olivier war während seiner Reisen immer davon beeindruckt, wie sich traditionelle Yachten und Arbeitssegler früher den unterschiedlichen Fahrtgebieten an den Ost- und Westküsten des Atlantiks angepasst hatten. Auch bei seinen Entwürfen schien er zwischen amerikanisch 'breit und flach' und englisch 'schmal und tief' noch hin- und hergerissen zu sein. Die erste Puffin hatte S-Spanten und einen Langkiel bei schmaler Wasserlinienbreite und unterlag somit eher dem Einfluss des ranken englischen Kutters. Doch dann entwarf Olivier zwei Jahre später eine 'amerikanische' Puffin mit Schwert und geringem Tiefgang. Es handelt sich bei diesem zweiten Entwurf wohlgemerkt um einen komplett anderen Rumpf mit völlig unterschiedlichen Linien, obwohl man in einer einfachen Profilzeichnung diesen Unterschied fast nicht erkennen kann.

Nach wie vor können beide Ausführungen geordert werden, doch hat sich die Schwertversion eindeutig durchgesetzt. Dank der enormen Anfangsstabilität liegt diese breitere Puffin ruhig und mit wenig Krängung im Wasser. Auch bei Starkwind ist sie keine Yacht, die auf ihren Ohren segelt. Mit nur etwas über einem Meter

Die Puffin 42 zeigt ihren charakteristischen, senkrechten Kuttersteven zusammen mit einem flachen Unterwasserschiff.

Tiefgang bei aufgeholtem Schwert findet eine Puffin 42 oder 50 Zugang zu geschützteren Ankerplätzen, kleinen Häfen und Flussmündungen ebenso wie zu den schönsten Flachwasser- und Gezeitenrevieren von den friesischen Inseln bis zu den Bahamas oder noch weiter... Langfahrtsegler wissen, welche neuen Welten ein geringer Tiefgang eröffnen kann. Der Ballast liegt größtenteils innen im flachen Unterwasserschiff. Das profilierte und elektrisch aufholbare Schwert wiegt selbst nur etwas über eine Tonne. Da interessiert man sich doch gleich für den Stabilitätsumfang. Olivier gibt die Grenze des positiven Bereichs, also den Wert, bei dem sich die Yacht gerade noch alleine wieder aufrichtet, mit 128° an! Er ist größer als der so mancher modernen Kielyacht!

Doch bleiben wir vorerst noch bei der äußeren Erscheinung wie dem Kuttersteven, der die gerade richtige, ganz leichte Rundung hat. Obwohl aus Metall, ist er wie ein starker hölzerner Steven geformt. Auch dass der Bugspriet seitlich am Steven vorbeigeführt ist, erinnert - als schönes Detail - an die alte Bauweise. Am anderen Rumpfende sehen wir das herzförmige Spiegelheck mit angehängtem Ruder. Robust und sicher sind zwei vorrangige Eigenschaften, die Olivier bei der Puffin umsetzen möchte. So schreitet man geradezu auf den unverbauten Seitendecks direkt nach vorn zum wahrlich schiffigen Bug, zusätzlich durch ein hohes Schanzkleid geschützt. Wer sich hier vorne dem Bann der mächtig rauschenden Bugwelle hingeben möchte, muss sich jetzt allerdings gut festhalten, denn ein Bugkorb, so denke ich zumindest, wäre unpassend. Ein starkes Netz unter dem Spriet wäre meine Wahl. Die Puffin hat durch ihre Bullaugen und stählernen Formen an Deck und im Aufbau etwas Schlichtes und Starkes. Fragile Schnörkeleien sucht man vergebens, doch erkennt man sofort, dass es sich um eine sehr wertvolle Yacht handelt. Erstklassige Beschläge, ein dickes Teakdeck und das saubere, cremefarbene Finish an Deck erlauben keine Zweifel. Und jetzt treten wir ein in das charakteristische Deckhaus mit den massiven Bullaugen aus Messing und den seitlichen Fenstern in der typisch holländischen, oben gerundeten Form. Hier herrscht eine ganz eigene Atmosphäre. Da ist zunächst einmal das enorme Raumangebot mit sehr großzügiger Stehhöhe und mit viel Ellbogenfreiheit. Durch die große Breite und das riesige Volumen des Rumpfes möchte man auf einer Puffin am liebsten gleich einziehen, denn sie vermittelt 'Lebensraum'. Nichts erinnert an oft gesehene Yachteinrichtungen, bei denen alles zwergenhaft verkleinert ist, was wir größer kennen. Zudem bemerkt man auch hier in der Verarbeitung und dem Holz-Finish den Standard einer echten Luxusyacht. Auf keine Annehmlichkeit und keinen Komfort muss verzichtet werden, doch sind an Bord der Puffin die wesentlichen Systeme auch für 'heavy duty' Einsatz und auf Unabhängigkeit konzipiert. Das Schwert

Bau einer Puffin aus Aluminium. Die vorübergehend außen angehefteten Profile verhindern ein starkes Verziehen der Bleche beim Schweißen.

zum Beispiel kann mit einer aus der Offshore-Technik stammenden Hebevorrichtung und dem völlig isoliert und über der Wasserlinie liegenden Elektromotor bedient werden - im Notfall aber auch manuell. Vom Innenraum aus ist es durch die Oberseite des Schwertkastens schnell zugänglich. Auch die ohne jede Durchführung an der Innenseite des Schwertkastens gelegene Achslagerung des Schwertes lässt sich von hier aus inspizieren.

Eine Puffin kann in Stahl oder Aluminium gebaut werden. Die Entscheidung für Aluminium fällt beim Puffin-Design allerdings nicht aus Gewichtsgründen. Im Gegenteil, wäre die Yacht wesentlich leichter, verlöre sie all ihre Vorzüge, auch ihre Segelleistung. „Es ist eine emotionale Entscheidung", sagt Olivier. „Manche Eigner haben ihre Vorlieben und Erfahrungen, doch wer einmal eine Alu-Yacht hatte, geht in der Regel nie wieder zu Stahl zurück." Die Mehrkosten für Aluminium fallen bei der Puffin 42 mit etwa 5 bis 6% des Gesamtpreises relativ gering aus. Zudem kann die Yacht in Aluminium bedeutend schneller fertiggestellt werden. Nicht selten hört man in einer dieser Yacht-Paradigmen-Diskussionen einen angeblichen Salzbuckel sagen, sein Schiff sei aus Stahl, weil man Stahl auch in den abgelegensten und unterentwickeltsten Häfen schweißen und reparieren lassen könne. Das hört sich so an, als wäre es an der Tagesordnung, mit einem Loch im Rumpf in einem gottverlassenen Hafen festzumachen. Gerade bei einer Stahlyacht mit ihrer immer noch höchsten Festigkeit ist solch eine Havarie eher unwahrscheinlich. Dagegen verläuft eine solche Notreparatur bei einem Alu-Rumpf, der nicht weiter vor Korrosion geschützt werden muss, dank Epoxi-Verklebung wesentlich einfacher und schneller. Was aber wirklich bei einer Yacht auf großer Fahrt zu streiken pflegt, sind ganz andere Dinge: Der Generator verweigert den Dienst, die Toilette muss zerlegt werden, Fenster und Luken beginnen zu lecken, die Interface-Kommunikation zwischen GPS und Radar erreicht einen plötzlichen Nullpunkt usw.

Die Werft De Gier & Bezaan baut alle Puffin Yachten im zweckmäßigen und sauberen Industriegebiet Enkhuizens. Genauso einzigartig wie die Linien der Puffin ist interessanterweise auch die Baumethode der Werft, eine Methode, die von De Gier & Bezaan bereits für ihre Admirals-Class Motoryachten entwickelt wurde. Da Metallbootsbau in der Regel immer wie ein Einzelbau abläuft und die Bootsbauer hunderte Male in und aus dem Kasko klettern müssen, bis der Ausbau fertig ist, hat man sich in gewisser Weise am GFK-Serienbootsbau orientiert, bei dem das Deck ja erst möglichst spät mit dem Rumpf verbunden wird. So entstehen in einer Halle der Rumpf und das Deck nebeneinander und werden dabei einzeln mit Spritzschaum an der Innenseite isoliert. Gleichzeitig mit dem Rumpfbau beginnt man in einer anderen, separaten Halle bereits mit dem Ausbau. Dabei wird der gesamte Innenausbau in einem einzigen Stück auf dem Werkstattboden erstellt - eine riesige Zeitersparnis. Dann wird dieses kom-

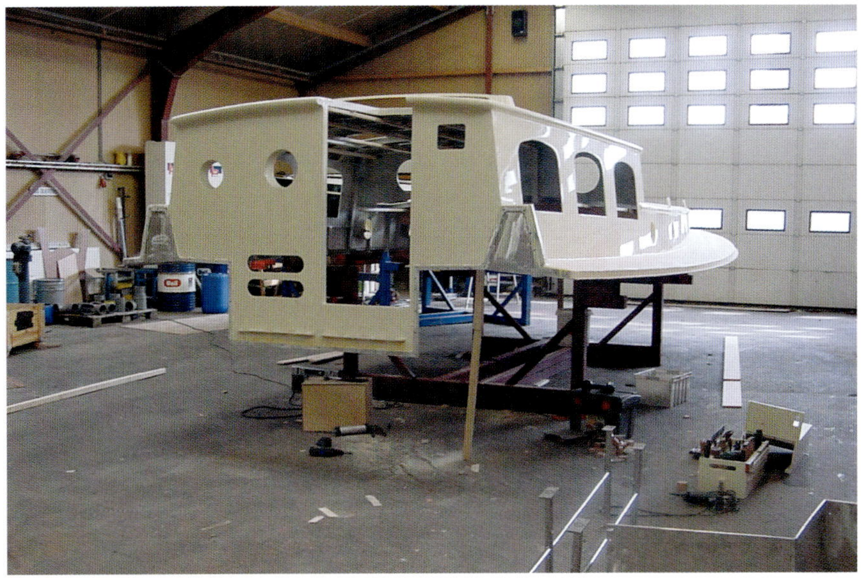

Das Deck einer Puffin wird separat gefertigt und vor dem Zusammenbau bereits lackiert.

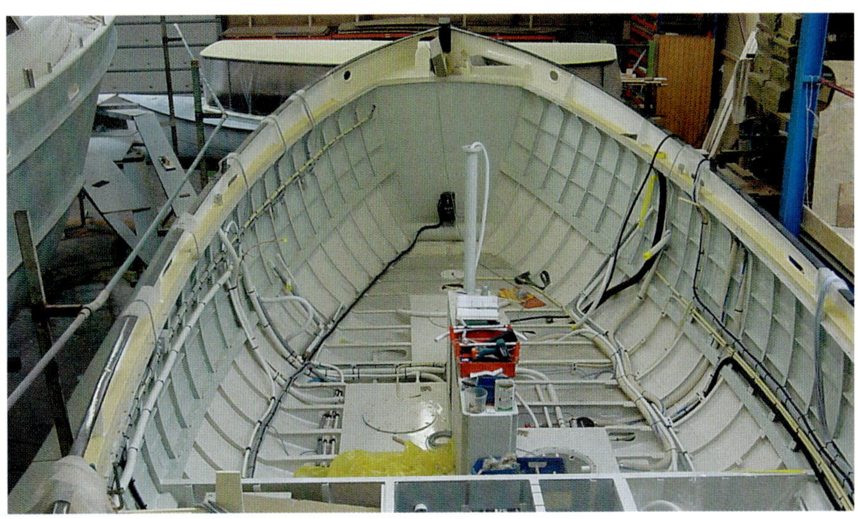

Ohne Deck ist der Rumpf beim Einbau der Aggregate und Installationen bestens zugänglich. Man beachte die engen Spant- und Stringerabstände.

Im Vordergrund erkennt man den Innenausbau einer Puffin, der in einem Stück auf dem Werkstattboden erstellt und dann in den Rumpf gehoben wird.

plette Ausbau-Modul einfach mit einem Kran in die Rumpfschale gehoben und fixiert. Das Deck wird aufgesetzt und in engem Abstand verbolzt, denn Schweißen ist jetzt natürlich nicht mehr möglich. Bei einem Alu-Rumpf müssen die Bolzen selbstverständlich auch aus Aluminium bestehen, um galvanische Korrosion zu verhindern. Diese Rumpf-Deck-Verbindung wird zusätzlich auch noch verklebt, und zwar mit einer aus dem Flugzeugbau stammenden Metall-Klebetechnik, die allein bereits so stark ist, dass man auf sämtliche Bolzen auch verzichten könnte. Das wiederum möchte man dann aber in schwerer See vor den Hebriden sich nicht unbedingt auch noch selber beweisen müssen... Der Rumpf mit seinem Decksflansch und auch das Deck selbst schließen mit einem L-Profil zueinander ab, so dass eine tiefe Nut entsteht, in der die Bolzen versteckt bleiben. Später wird diese Nut mit einer Holzleiste und Epoxi verfüllt, ehe das Teakdeck darüber geklebt wird.

Eine Rumpf-Deck-Verschraubung (zusätzlich geklebt) auf einer Stahlyacht!

Die geschilderte Methode erfordert eine perfekte Planung und geringe Toleranzen, vor allem, damit der bereits fertige Ausbau genau in den Rumpf und auf seine Fixpunkte passt. So wird jede Puffin mit allen Sonderwünschen schon im Designbüro bis ins letzte Detail am Computer ausgezeichnet. Bei De Gier & Bezaan kann dann jedes einzelne Brettchen des Ausbaus von der eigenen CNC Fräse per Knopfdruck abgerufen und zugeschnitten werden. Insgesamt lässt sich

so die Bauzeit einer Puffin 42 auf nur sieben Monate verkürzen! Dass sich seit der ersten Puffin von 1997 mit bis heute 25 gebauten Yachten eine solche Nachfrage entwickelt hat, damit hatte Olivier nie gerechnet. Er lebt immer noch standesgemäß auf seiner eigenen 17 Meter Yacht. Neben seinen großen und wunderschönen 'Little-Zaca' Schonern kommt nun ein neues, 24 Meter langes Segelschulschiff der holländischen Marine von seinem Zeichenbrett - alle Achtung!

Technische Details

De Gier & Bezaan
Volmolen 4
1601 Enkhuizen
Holland
www.de-gier.nl

PUFFIN 42

Design: Olivier F. van Meer

Konstruktion: Stahl oder Aluminium

LOA:	15,50 m
Länge des Rumpfes:	12,72 m
LWL:	11,77 m
Breite:	4,20 m
Tiefgang:	1,10 m / 2,45 m
Verdrängung:	16,0 t (Stahl 19,0 t)
Ballast:	innen 2,0 t, Schwert 1,2 t
Segelfläche: Yankee+Fock	127 m²
Motor:	63 KW Deutz
Diesel:	476 Liter
Wasser:	552 Liter
Verdr./LWL:	273 (Stahl 325)
Segelfläche/Verdr.:	20,3 (Stahl 18,2)
Ballastverhältnis:	20,0% (Stahl 16,8 %)
Preis ca.:	554.000 € (Stahl 525.000 €)

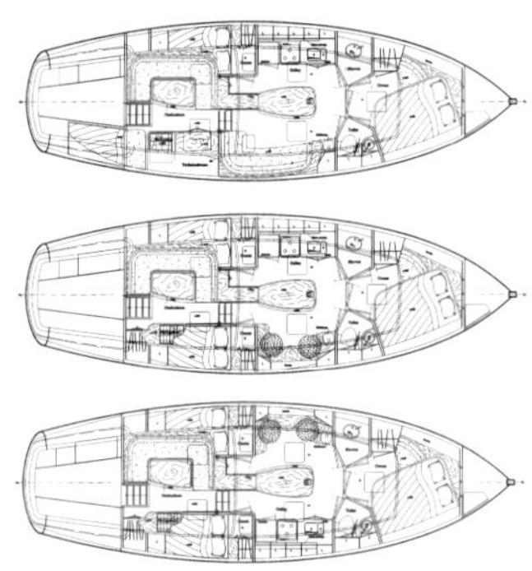

Puffin 50

Design: Oliver F. van Meer

Konstruktion: Stahl oder Aluminium

LOA:	18,35 m
Länge des Rumpfes:	14,95 m
LWL:	14,15 m
Breite:	4,95 m
Tiefgang:	1,37 m / 3,10 m
Verdrängung:	34,0 t (Alu 29,0 t)
Ballast:	innen 4,5 t, Schwert 1,5 t
Segelfläche: Yankee+Fock	168,2 m²
Motor:	94KW Deutz
Diesel:	1160 Liter
Wasser:	1250 Liter
Verdr./LWL:	334 (Alu 285)
Segelfläche/Verdr.:	16,3 (Alu 18,1)
Ballastverhältnis:	17,6% (Alu 20,7 %)
Preis ca.:	795.000 € (Alu 839.000 €)

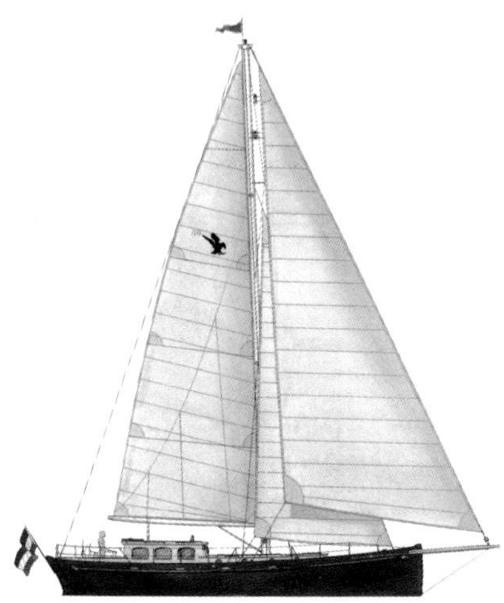

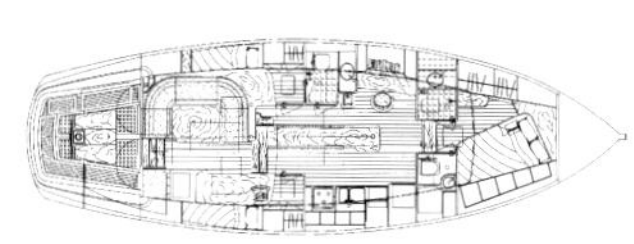

Auf einer Yacht in Stil und Komfort und auch unabhängig zu leben, erfordert spezielle Qualitäten. Die, die der Yacht dabei fehlen, muss in der Regel ihr Bewohner durch Einengung und Anpassung ausgleichen. Wenn aber ein Haus - wie es so schön heißt - nichts anderes als ein schlecht gebautes, festsitzendes Boot ist, dessen müder Eigner für immer die Anker ausgeworfen hat, so könnte die Puffin im Gegensatz dazu ein romantisches, ja perfektes Zuhause sein, lebendig in ihrem Element und jederzeit bereit, in die endlosen Weiten der Welt aufzubrechen, um sie zu erforschen.

Puffin 42

Shannon Yachts

Welcher Segler oder Yachtliebhaber schlendert nicht gern durch einen Hafen und entscheidet dabei in Gedanken, welche von all den Yachten er am liebsten selbst besitzen würde und malt sich dabei aus, mit dieser Yacht schon bald von hier weiterzusegeln. Solche Fantasien blühten jedenfalls in meinem Kopf, als ich vor langer Zeit in Gibraltar neben einer Shannon 28 festgemacht hatte. Es war die 'Peace' von Ann Kellum, die einhand von West nach Ost den Atlantik überquert hatte. Alles an dieser Yacht strahlte Offshore-Stärke aus, das handliche Kutterrigg mit Baumfock, die fast überdimensionierten Beschläge, von dem massiven Bugspriet bis zum angehängten Ruder, der kurze, eckige Aufbau mit den Bronzebullaugen, der schon allein optisch der See trotzte. Später hatte ich die Ehre, die 'Peace' zu ihrem Ankerplatz zu steuern und sie auch unter Deck kennenzulernen, bevor es für mich Zeit wurde weiterzusegeln - zu meinem Bedauern leider nicht mit einer Shannon.

Shannon Yachts wurde 1975 gegründet, doch ihr Ursprung geht zurück auf einen Tag im Jahr 1964. Der damals zwanzigjährige Walt Schulz arbeitete auf den Werften in City Island, New York. Boote an sich interessierten ihn eigentlich wenig, er war noch nie gesegelt oder auf See gewesen. Für ihn war es lediglich ein Job, aber das sollte sich dramatisch ändern. Als ich Walt Schulz traf, waren seitdem über 36 Jahre vergangen, doch seine Augen leuchten und es sprudelt nur so aus ihm heraus, wenn er erzählt: „An einem einzigen Tag hat sich wirklich mein ganzes Leben geändert, eigentlich war ich mit Freunden auf einer Party in Provincetown auf Cape Cod, Massachussetts, und wie immer auf Parties langweilte ich mich. Ein Mädchen hatte dort Verbindungen zu einer Charteryacht und lud uns für den nächsten Morgen zu einem Tagestörn ein, natürlich war ich dabei. Diese Yacht war die *'Hindu'*, ein Motorsegler des berühmten Designers William Hand, 58 Fuß über Deck, 40 Tonnen. Ich war erstmal hingerissen, dieses Schiff wirkte riesig, schließlich war es für mich das allererste Segelerlebnis. Aber was mich am meisten faszinierte, war, dass auf See jedes Detail einem Zweck diente, alles hatte eine klare Funktion und musste einfach genau so gebaut sein wie es eben war. Nichts war überflüssig und doch war alles schön und ästhetisch. Als dann die Maschine gestoppt wurde und dieses schwere Schiff scheinbar mühelos unter Segel weiterzog, war ich endgültig dem 'Yachtvirus' erlegen. Ich sehe das alles noch heute genau vor mir, kaum hatten wir wieder angelegt, ging ich gegenüber in einen Segelladen, ich glaube, ich wankte noch leicht und kaufte mir eines dieser Segellehrbücher."

Walt Schulz bei der Bootstaufe einer Shannon 43 für den Schauspieler und erfahrenen Segler Morgan Freeman.

In den nächsten Jahren verdiente Walt sein Geld, indem er Holzboote und Yachten kaufte, restaurierte und wieder verkaufte. So finanzierte er sich das College und sammelte gleichzeitig jede Menge Erfahrung. Er jobbte auf Werften, arbeitete als Überführungsskipper und belegte Kurse in Yachtdesign am Westlawn Institut. Es war die Zeit, in der GFK im Bootsbau Einzug hielt, und Walt war über diese Jahre hinweg bei verschiedenen Werften in leitende Positionen aufgestiegen. Oft war er verantwortlich für Reparaturarbeiten von Rümpfen, die noch während der Garantiedauer versagten. „Ich erlebte praktisch aus erster Hand, was bei GFK alles schief gehen kann und warum", erinnert er sich, und weiter: „Es kursierten ja die wildesten Gerüchte und Vorurteile, aber generell galt GFK als Baustoff für Billigboote. Erst 1973 konnte auch mich jemand überzeugen, dass GFK bei optimaler und kompromissloser Verarbeitung ein hochwertiger Werkstoff sein kann. Dieser Jemand war Henry R. Hinckley. Für mich stand fest, würde ich einmal eine Werft gründen, dann würde ich versuchen, nur die bestmögliche Qualität zu produzieren, ich halte das für die befriedigenste aber auch krisensicherste Einstellung. Denk doch nur, William Hand ließ während der großen Depression über 40 Motorsegler nach höchstem Standard in Maine bauen - während der Depression! Diese Werften erfuhren vom Zusammenbruch der Wirtschaft nur aus dem Radio!"

Über zehn Jahre waren seit jenem Tag auf der *'Hindu'* vergangen, als Walt Schulz zusammen mit einem Freund, David Walters, anfing, seine eigenen Vorstellungen in die Tat umzusetzen. Mit dem Anspruch, die bestmögliche Cruising Yacht zu bauen, hatte er lange am Design seiner ersten Yacht gearbeitet. Der erfahrene Konstrukteur George Staedel unterstützte ihn dabei, und Walt und David gewannen zudem das Vertrauen von Bill Stechman, der ihnen

Eine kuttergetakelte Shannon 43. Durch das doppelte Vorstag mit Rollreffgenua und einem an Stagreitern gesetzten Yankee lässt sich eine sehr variable Segelfläche setzen, zum Beispiel auch ausgebaumte Passatsegel vor dem Wind.

Der gesamte Innenausbau erfolgt ganz nach Kundenwunsch. Am Hauptschott dieser 47 sieht man die für Shannon typischen Massivholzleisten im Stil eines Nut-und-Feder-Verbundes. Die Decke besteht aus pflegeleichtem Kunststoff.

Shannon 39

Eine besonders schöne Vorschiffskabine mit vielen Stauräumen auf einer Shannon 47.

Kein Stück Furnier, sondern nur edles Massivholz ist im Bad dieser 43 zu sehen.

Der Ausbau bei Shannon – jedesmal anders. Eine echte Semi-Custom Yacht erkennt man auch daran, dass die Schottpositionen nicht von vornherein festgelegt sind.

Blick über das Deck einer der am robustesten gebauten GFK-Yachten der Welt: Shannon 47

50.000 Dollar vorstreckte. Eine kleine Halle auf dem ehemaligen Gelände der berühmten Herreshoff Werft in Bristol, Rhode Island, wurde gemietet, und Walt stellte ein siebenköpfiges Team zusammen. Zwischen Februar und September 1975 entstand hier die erste Shannon, eine 38 Fuß Ketch, benannt nach dem sagenumwobenen Fluss Shannon in Irland, der Heimat von Walts Großeltern. Noch bevor Walt die Yacht zur Bootsmesse nach Annapolis segelte, war sie bereits verkauft und als die Messe vorüber war, hatte er Aufträge über vier weitere Neubauten der Shannon 38. Walt: „Wir waren mit der ersten 38 in allerletzter Minute fertig geworden. Ich konnte sie erst richtig testen, als ich schon nach Annapolis unterwegs war. Meine Güte, das Gefühl, wenn du deine ganze Energie, dein ganzes Können und Geld auf eine Neukonstruktion gesetzt hast und dann zum ersten Mal die Segel setzt, das ist eine Anspannung, die ist einfach unbeschreiblich! Hundert Sachen können in der Praxis anders sein als nach allen Berechnungen. Aber genauso unbeschreiblich ist auch die Freude, wenn das Design ein echter Erfolg wird."

Bis heute wurden über 300 Shannons in Größen von 28 bis 51 Fuß gebaut. Obwohl die Werft Ende der 80er Jahre einige finanzielle Engpässe zu überwinden hatte, stand die Produktion niemals still, und Walt ist seinen Ansprüchen bis heute treu geblieben. Bei seinem Konzept der optimalen Fahrtenyacht legt er besonderen Wert darauf, dass eine kleine Besatzung und sogar ein Einhand-Segler ermüdungsfrei bleiben und das Boot unter allen Bedingungen beherrschen können. Dafür ist es wichtig, dass die Rumpflinien ein angenehmes Seeverhalten garantieren. Zwar ist man von einem ausgeprägten S-Spant abgekommen, die neuen Modelle haben jetzt einen wesentlich härteren 'Tuck' (das ist der Radius zwischen Rumpf und Kiel), doch besitzen alle Shannon immer noch einen ausgeprägten Vorfuß für ein weiches Einsetzen in die Wellen. Ein geteilter Lateralplan mit gemäßigtem Langkiel sorgt für Kursstabilität. Ruder und Propeller sind durch einen starken Skeg gegen Kollision und gegen Leinen oder Netze geschützt. Wenn man von angenehmem Seeverhalten spricht, darf man auch den Rumpf über der Wasserlinie nicht vergessen. Ein hoher Freibord ist besonders bei extremen Bedingungen problematisch. Typisch für Shannon ist der stark akzentuierte Sprung, der den Yachten ein traditionell schiffiges Aussehen gibt. Gutes Design für Sicherheit auf See erkennt man auch an den breiten Seitendecks mit außenstehenden Wanten, die einen ungehinderten Gang aufs Vorschiff erlauben.

Was aber unternimmt die Werft nicht alles bei der Bauausführung, um einen äußerst robusten und langlebigen Schiffskörper zu produzieren! Die Rümpfe werden als Sandwich mit linear vernetztem PVC Schaum gebaut, im Kielbereich ist das Laminat massiv. Die erste Lage der Außenhaut ist mit Vinylesterharz getränkt, in Bereichen

Eine Shannon 43 mit Scutterrigg in flotter Fahrt. Auf den unverbauten Seitendecks gelangt man sicher nach vorn.

größter Beanspruchung wird Kevlar und Epoxiharz eingesetzt. Da beim Einbau des Kernmaterials kein Vakuum verwendet wird, ist der Schaum mit einem zäh eingestellten, speziellen Harz verklebt. Wichtig für Shannon ist, dass der Rumpf in einem Stück laminiert wird und nicht, wie sonst oft üblich, in zwei Hälften, die später durch Überlaminieren entlang der Mittschiffslinie verbunden werden. Somit ist ein durchgehender Faserverlauf querschiffs gewährleistet. Zwar ist es heute durchaus möglich, zwei Rumpfhälften dauerhaft zu verbinden, aber es gibt wohl für jeden Segler Situationen, in denen er anfängt, sich Gedanken um die Festigkeit seines Rumpfes zu machen, und dann ist die Shannon-Philosophie bestimmt beruhigend. Auch gibt es keine Kielbolzen, da Kiel und Rumpf ein einziges Stück sind und der Bleiballast innen eingebracht wird. Noch ein gutes Beispiel sind die Schotte: Um eine möglichst starke Verbindung zum Rumpf zu erreichen, werden Glasrovings durch kleine Löcher am Rand der Schotte geführt, bevor diese mit großzügigem Radius beidseitig einlaminiert werden.

Auch beim Innenausbau ist man kompromisslos. Der etwas strapazierte Ausdruck Semi-Custom wird bei Shannon noch ernst genommen. Die Werft hält nicht etwa zwei oder drei Varianten zur Auswahl, sondern gestaltet jede Yacht individuell. Bei der erstklassigen Holzverarbeitung findet man jede Menge Schlitz-Zapfen-Verbindungen. Besonders gut gefällt auch das auf Sperrholz gesetzte 5 mm starke Massivholz anstelle von Furnier, das wie ein traditioneller Nut-und-Feder-Verbund aussieht. An den vielen versteckten Details wie zum Beispiel der Möglichkeit, jeden Tank ausbauen zu können, ohne Teile der Einrichtung zu zerstören, erkennt man die Sorgfalt und Weitsicht dieser Werft.

Allen Shannon gemein ist ein geteilter Vorsegelplan, um Schotkräfte und damit Winscharbeit zu reduzieren und die Segel handlicher zu machen. Das Vorstag wird auf ein starkes, begehbares Bugspriet mit doppelten Ankerrollen geführt. Neben dem klassischen Kutterrigg hat die Werft den Begriff Scutter - zusammengesetzt aus Sloop und Cutter - geprägt. Hierbei ist das innere Vorstag ebenfalls toppgetakelt, an ihm wird

Der Stolz eines Fahrtenseglers. Diese 39 Fuß Spitzenqualität werden auf See und in jedem Hafen mehr Zufriedenheit erzeugen als jedwede 49 Fuß Mittelmäßigkeit.

das größere(!) Vorsegel, eine 140% Genua gefahren. Diese kann über eine Rollreffanlage verkleinert werden und zwar - sehr richtig - nur um ca. 30%, ohne ein brauchbares Segelprofil zu verlieren. Dann wird die Genua ganz eingerollt und der kleinere(!) Klüver am vorderen Vorstag ausgerollt. Er kann nochmals um 30% auf die Größe einer Sturmfock reduziert werden. Eine interessante Anordnung, die eine zunehmende Luvgierigkeit verhindert, die erfolgen würde, wenn man, wie sonst auf einem Kutter üblich, den Klüver bei Starkwind streicht. Ob als Kutter, Ketch, oder als Scutter - alle Riggs sind äußerst stark, fast überdimensioniert. So ist das stehende Gut auch aus Navtec Rod, nicht so sehr wegen des geringeren Recks als vielmehr, um die Ermüdungs- und Korrosionsprobleme von Edelstahldraht in Walzterminalen zu vermeiden. Shannon Yachten sind trotz ihres klassischen, zeitlosen Stylings innovative, mit modernen Materialien gebaute Fahrtenyachten, in die die Erfahrungen von zahlreichen Weltumsegelungen eingeflossen sind. Walt: „Wir halten nicht an der Tradition um ihrer selbst willen fest; wenn ich von einer neuen Idee überzeugt bin, dann bauen wir sie auch. Unsere neue Shannon 47 hat sogar einen negativen Spiegel bekommen, weil es so einfach leichter ist, vom Wasser oder vom Dingi an Bord zu kommen. Dieser neue Spiegel bietet außerdem den besten Platz für die Rettungsinsel." Walt ist überhaupt ein Tüftler mit großen Ambitionen. In seiner Werft entstehen auch noch so unterschiedliche Yachten wie der Shoalsailer 32, der in weniger als ein Meter Wassertiefe aufkreuzen kann sowie die exklusiven Voyager 36 Motoryachten. Zur Zeit arbeitet er an einem 48 Fuß Motorsegler-Konzept, und auch seine leidenschaftliche Bewunderung für William Hand, den Designer der *'Hindu'*, hat er nicht verloren. In einer Ecke der Werft wird gerade ein William Hand Motorsegler aus den 30er Jahren restauriert. Bleibt zu hoffen, dass sich auch in Zukunft genügend Segler für eine Shannon begeistern und eine wirklich kompromisslose, sichere Fahrtenyacht ordern.

Diese 47 mit moderneren Deckslusken hat das von Shannon geprägte Scutter-rigg. Hier ist das kleinere Vorsegel auf der vorderen der beiden bis ins Topp geführten Rollreffanlagen gesetzt.

Technische Details

Shannon Yachts
19 Broad Common Road
Bristol, 02809 Rhode Island
U.S.A.
www.shannonyachts.com

SHANNON 39

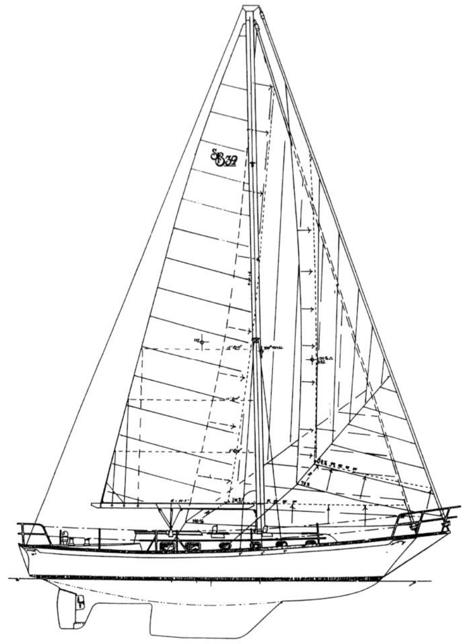

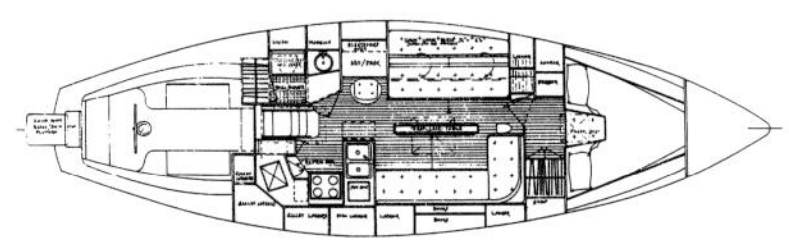

Design: Walt Schulz & Associates
Konstruktion: Iso-Polyester, Vinylester Schutzschicht, Glas Aramid-verstärkt, Schaum-Sandwich, Rumpf in einem Stück laminiert, Integralkiel
Riggversionen: Kutter, Scutter, Ketch

LOA:	12,69	m
Länge über Deck:	11,76	m
LWL:	10,01	m
Breite:	3,65	m
Tiefgang Festkiel:	1,68	m
Tiefgang Schwert:	1,35/2,34	m
Verdrängung:	8,48	t
Ballast:	3,13	t
Segelfläche Scutter:	69,6	m^2
Motor:	34KW Westerbeke/37KW	Yanmar
Diesel:	227	Liter
Wasser:	379	Liter
Verdr./LWL:	236	
Segelfläche/Verdr.:	17,0	
Ballastverhältnis:	37	%
Preis:	392.000	$ US

SHANNON 43

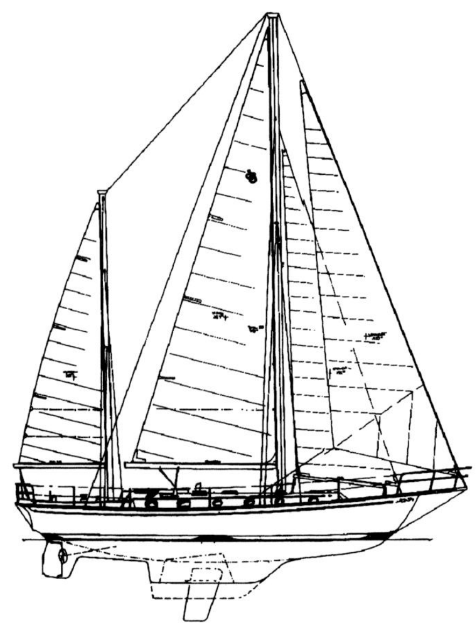

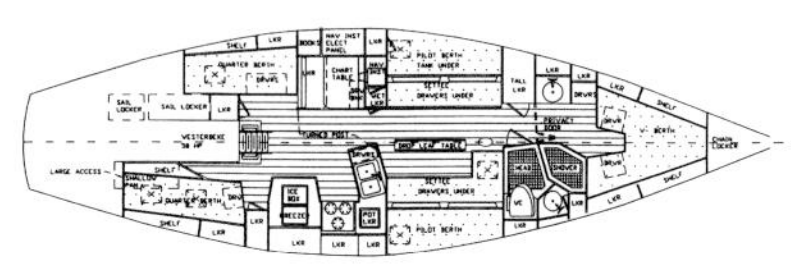

Design: Walt Schulz & Associates
Konstruktion: Iso-Polyester, Vinylester Schutzschicht, Glas Aramid-verstärkt, Schaum-Sandwich, Rumpf in einem Stück laminiert, Integralkiel
Riggversionen: Kutter, Scutter, Ketch, Pilothouse

LOA:	14,48	m
Länge über Deck:	13,36	m
LWL:	11,10	m
Breite:	4,09	m
Tiefgang Festkiel:	1,83	m
Tiefgang Schwert:	1,45/2,62	m
Verdrängung:	12,47	t
Ballast:	4,54	t
Segelfläche Classic Ketch:	84,0	m^2
Motor:	52KW Westerbeke/55KW	Yanmar
Diesel:	397	Liter
Wasser:	757	Liter
Verdr./ LWL:	247	
Segelfläche/Verdr.:	15,9	
Ballastverhältnis:	36	%
Preis:	517.000	$ US

SHANNON 47

Design: Walt Schulz & Associates

Konstruktion: Iso-Polyester, Vinylester Schutzschicht, Glas Aramid-verstärkt, Schaum-Sandwich, Rumpf in einem Stück laminiert, Integralkiel
Riggversionen: Kutter, Scutter, Ketch

LOA:	16,02 m
Länge über Deck:	14,48 m
LWL:	12,98 m
Breite:	4,34 m
Tiefgang Festkiel:	1,98 m
Tiefgang Schwert:	1,70/2,92 m
Verdrängung:	16,10 t
Ballast:	6,12 t
Segelfläche Scutter:	111,5 m²
Motor:	60 KW Westerbeke
Diesel:	492 Liter
Wasser:	871 Liter
Verdr./ LWL:	205
Segelfläche/ Verdr.:	17,8
Ballastverhältnis:	38 %
Preis:	672.000 $ US

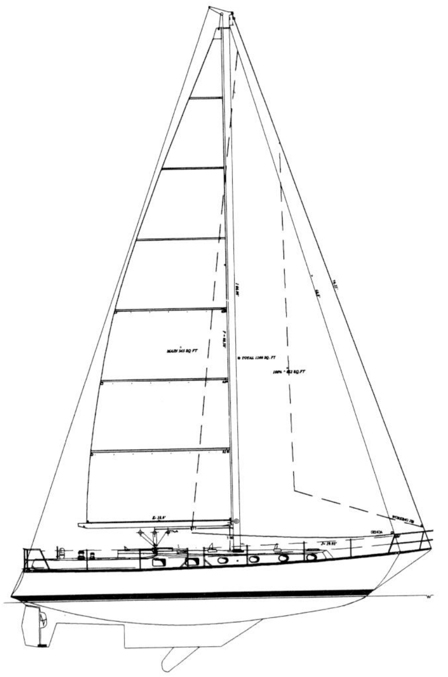

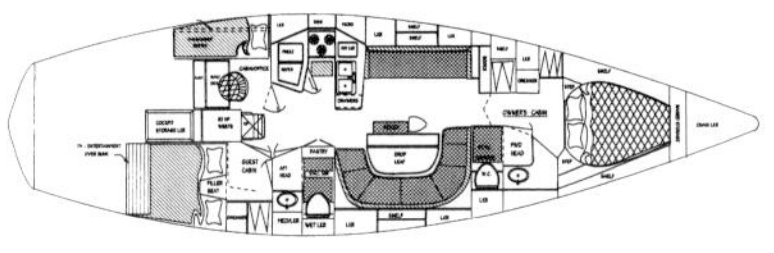

Frühere Modelle: SHANNON 38,28,50,51,37

Und wäre es nicht einfach traumhaft, mit seiner eigenen Shannon, ich würde sagen einer 43 als Kutter-ketch, an einem Morgen von Bristol abzulegen? Im klaren Licht Neu Englands würde man über den Rhode Island Sound ziehen, vorbei an Martha's Vineyard und Nantucket, um dann auf die offene See zu halten. Der typische Südwester bläst mit 20 Knoten, man sitzt vorne im Bugspriet, blickt in vier geblähte Segel an zwei Masten und versenkt alle Sorgen im Rauschen der Bugwelle, während es bereits Nacht wird. Next stop - die Azoren!

Shannon 43 Classic Ketch

Trintella

Trintella 47

Wahrer Luxus liegt im Einfachen, sagt man, und ich bin sogar der Meinung, dass mehr Freude und Genugtuung dann entstehen, wenn man mit einfacher Ausrüstung und vielleicht sogar unter widrigen Umständen sein Ziel erreicht. Aber ich erinnere mich auch genau, als ich zum ersten Mal eine heiße Druckwasserdusche und eine Heizung an Bord meiner Segelyacht genießen durfte - in einer kalten Januarnacht in einem abweisenden Industriehafen in Spanien - damals ein fast unverschämt erscheinender, höchst willkommener Luxus. Bei der Frage, wie viel Annehmlichkeiten wirklich dem Glück zuträglich sind, wird jeder seine eigene Antwort finden. Hat man allerdings in Sachen Komfort das simple Motto 'Alles, und zwar nur das Beste' zu wollen, dann denkt man an eine kleine Superyacht oder an Trintella.

Gute Sicht nach vorn aus dem geschützten Doghouse der Trintella 42. Man beachte die Scheibenwischer.

Dabei hat die Trintella Werft einen langen Weg zurückgelegt. Angefangen hatte wiederum alles ganz einfach, als nämlich der Hafenmeister in 's-Hertogenbosch in seiner Freizeit begann Dingis zu bauen. Dieser Mann heißt Anne Wever, und als er 1953 eine kleine Werft gründete, benannte er sie nach der Sandbank Trintel im IJsselmeer. Heute, kurz vor dem 50-jährigen Werftjubiläum und nach über 1250 Trintella Neubauten von bis zu 82 Fuß Länge, liegt die Werft immer noch direkt neben dem Büro des Hafenmeisters und dem beschaulichen kleinen Hafen in 's-Hertogenbosch, einer Stadt an der Maas, fast 70 km landeinwärts von Rotterdam. Schon bald nach ihrer Gründung wurde die Werft bekannt für die Trintel Segelboote aus Stahl mit Holzdeck, die in Längen von 7,5 m, 8,5 m und 9,5 m nach Van de Stadt Entwürfen gebaut wurden und die heute noch zahlreich in Holland gesegelt werden. In den 60er Jahren war Trintella dann einer der Pioniere im GFK Bootsbau in Europa und seit den 80er Jahren kennen wir die Werft vornehmlich wegen ihrer luxuriösen Aluminium-Yachten. Anne Wever ist seit 1988 im Ruhestand und nach einer schwierigen Zeit Anfang der 90er Jahre - welche Werft hat sie nicht irgendwann zu überstehen? - wurde Trintella von einem ehemaligen Auftraggeber übernommen. Heute umfasst die Produktion neben den Alu Segelyachten bis 82ft nach van de Stadt Design in erster Linie die Trintella 42 und 47 in faserverstärktem Kunststoff nach Ron Holland Entwürfen, und um diese soll es hier gehen.

Trintella versteht sich als Werft für Semi-custom Yachten höchster Qualität, die bei ansprechender Segelleistung vor allem viel Komfort und einfache Bedienung bieten sollen. Dazu passt das Trintella-typische Doghouse, das Schutz vor den Elementen gewährt, sowie der Segelplan mit Selbstwendefock für das denkbar einfachste Wendemanöver nur mit Ruderlegen. Ron Holland kennt man in den letzten Jahren vorwiegend durch seine Entwürfe für zahlreiche Superyachten, also Yachten von mehr als 100 Fuß Länge, und man sagt, er habe Designmerkmale der Großen auf die 'kleinen' Trintella übertragen. Hier wären die zwei völlig getrennten Cockpits zu nennen. Das vordere im Schutz des Doghouse ist ideal für Gäste, die sich nicht um

Mit der Selbstwendefock und zwei Reffs im Groß kämpft sich die Trintella 47 voran.

Blick in den Salon der Trintella 42

Ein heller Ausbau in Ahorn passt hervorragend zum Ambiente der Trintella Yachten, hier der 47.

Die einladende Vorschiffskoje der 47. Man beachte die durchgehende Stehhöhe bis nach achtern.

Die Achterkabine der Trintella 47. Über den Kopfkissen befindet sich die Vertiefung des Steuercockpits.

Trintella 42

die Handhabung der Yacht kümmern wollen und ebenso ist das hintere ideal für den Rest der Mannschaft, der diese Gäste aus dem Weg und doch gut aufgehoben weiß. Hinter den großen, getönten Scheiben aus gehärtetem Glas hat man eine schöne Rundumsicht.

Das Brückendeck, das für die nötige Kopffreiheit in der Achterkabine sorgt, trennt das Gästecockpit vom kleineren Steuercockpit. Steht man hinter dem Steuerrad, blickt man noch über das Doghouse nach vorne, und wenn man auf dem Süll sitzt, so wird dank der großen Scheiben relativ wenig verdeckt. Bei allem Schutz und Komfort im Gästecockpit bleibt ein Nachteil wie bei allen hohen Center-Cockpits: Je mehr Welle und je weniger Wind es hat, je mehr die Yacht also ins Rollen kommt, desto unangenehmer wird sich die große Höhe über dem Wasser auswirken.

Die gesamte Wasser-Installation besteht aus festen Rohren anstelle von Schläuchen.

Das enorm große Volumen der Trintella 47 und ihrer kleineren Schwester, der 42, ist auf den Fotos gut zu erkennen. Doch haben die Trintella dank ihrer modernen und computer-optimierten Kiel,- Ruder- und Rumpflinien nichts mit den Segeleigenschaften von hochbordigen Yachten älteren Designs gemeinsam. Sie zählen vielmehr zu den schnelleren Fahrtenyachten, auch an der Kreuz.

Das Rigg ist, wie bereits erwähnt, auf einfachste Bedienung ausgelegt. Es hat dank der gepfeilten Salinge keine Backstagen. Auf raumen Kursen jedoch kann die Selbstwendefock nicht mehr zufriedenstellend getrimmt werden. Der Schotholepunkt liegt dazu zu weit vorne und zu weit innenbords, es entsteht zu viel Twist. Das gilt natürlich für alle Selbstwendefock-Systeme ohne Baum. Um vernünftig segeln zu können, wird man also auf jeden Fall einen Reacher oder asymmetrischen Spinnaker brauchen. Liegt nur für kurze Zeit ein raumer Kurs an oder herrscht für den Reacher zu viel Wind, kann kurzerhand eine zusätzliche Schot an die Fock angeschlagen und sie so nach achtern geholt werden. Für mehr Power bei leichtem Wind kann natürlich auch eine Genua sorgen. Besonders die 47 wird davon profitieren, wie ihr ansonsten niedrigeres Segelfläche/Verdrängungs-Verhältnis von 15,3 bereits andeutet. Die Großschot der Trintella 47 greift extrem weit vorne am Baum an und wird auf das Dach des Doghouse geführt. Ich würde es lieber sehen, wenn der Traveller wie bei der 42 auf dem Brückendeck wäre.

Die Trintella 42 und 47 sind Composit Yachten, das heißt, es werden verschiedene Materialien beim Bau des Rumpfes miteinander verbunden. Traditionell versteht man unter Composit einen Rumpf mit Stahlspanten und Holzplanken. Im modernen Bootsbau meint man jedoch, dass verschiedene Faserverstärkungen wie Glas, Aramid und Kohlefaser in Harz gebettet zum Einsatz kommen, und sie alle finden wir im Rumpf der Trintella wieder. Es handelt sich um eine Balsa-Sandwich-Konstruktion, hergestellt mit dem Vakuum-Infusionsverfahren SCRIMP und allen seinen überlegenen Vorteilen. Im Außenlaminat befindet sich bei der 47 im gesamten Rumpf eine Kevlarlage zur Verstärkung, bei der 42 reicht diese vom Bug bis zum Kiel. Auf der Trintella 47 verstärkt zudem Kohlefaser die Bereiche von Püttingen und Großschottraveller. Durch das Vakuum im Scrimp-Prozess entsteht eine optimale Verbindung zwischen Balsakern und Laminat. Zudem werden die nach außen leicht geöffneten Spalten zwischen den kleinen Balsa-Quadern mit Harz ausgefüllt und stellen somit eine stärkere Verbindung zum Kern her als herkömmlich eingebrachte Balsa-Sandwichkerne. Der Vorteil, dass alles in einem einzigen Infusionsgang unter Vakuum getränkt wird, im Gegensatz zu späterem Anlaminieren, wie zum Beispiel bei Versteifungen, kann nicht oft genug betont werden. In den Decks besteht der Sandwichkern aus Airex-Schaum. Als Harz wird nur Vinylesther verwendet. Trintella war eine der ersten Werften in Europa, die SCRIMP Lizenzrechte erworben hat. Doch wie es bei Trintella schon immer üblich war, werden die Rümpfe außer Haus gefertigt und zwar jetzt bei Halmatic in England, bekannt für hohe GFK-Qualität sowie die dort gefertigten Boote für harten Rettungseinsatz. Rumpf und Deck werden dann später bei Trintella verbolzt und an der Innenseite sorgsam überlaminiert. Verklebte Teakdecks sind Standard.

Als ich die Trintella Werft besuchte, war ich sichtlich beeindruckt, wie ordentlich und sauber hier gearbeitet wird. Später erkennt man das vielleicht noch am besten am Innenausbau, für dessen Gestaltung Rene van der Velden verantwortlich ist. Nicht nur wegen des voluminösen Rumpfes und der üppigen Stehhöhen von über 1,90 m denkt man, auf einer größeren Luxusyacht zu sein, sondern auch auf Grund des Interieurs. Helles Holz wie Esche oder Ahorn wird gerne verarbeitet und passt ausgezeichnet zum Charakter der Yacht. Die Holzflächen sind durch eine moderne Rechteck-Fuge abgesetzt, während die Treppe des Niedergangs wieder an üppiges Superyacht-Design erinnert. Selbstverständlich werden die Wünsche des Eigners so weit wie möglich erfüllt und die handwerkliche Ausführung macht dabei immer einen absolut tadellosen Eindruck. Die 42 und die 47 Fuß Trintella haben als Standard ein Zwei-Kabinen-Layout, wobei die vordere Nasszelle im Bug untergebracht ist und die Doppelkoje direkt vor dem Mastschott liegt. Zur großzügigen Aufteilung gehört natürlich auch ein begehbarer Maschinenraum mit Platz für zusätzliche Aggregate wie Generator oder Klimaanlage. Weitere Installationen nach Eignerwünschen wie etwa größere Tankvolumen stellen bei Trintella kaum Probleme dar. Eine besonders aufwendige Schallisolation, die auf der Innenseite mit einem speziellen doppelten Aluminiumblech mit eingeklebter Gummimembran abschließt, sorgt für einen sehr niedrigen Geräuschpegel aller Anlagen.

Die Holzverarbeitung bei Trintella ist exzellent. Hier warten Niedergangstreppen und Betteinfassungen auf ihre Lackierung.

Und wie sieht es aus, wenn man hinter das eine oder andere Paneel schaut? Auch hier erkennt man einen Standard, wie er eigentlich nur auf größeren Luxusyachten üblich ist. So besteht die gesamte Wasserinstallation aus harten Kunststoffrohren anstelle von Schläuchen, in denen sich stehendes Wasser bilden kann und in denen es leichter zu Geruchsbelästigung kommen kann. Die elektrische Verkabelung ist sehr sauber verlegt; verwendet werden nur Spezial-Marinekabel mit einer weichen inneren und einer harten äußeren Isolierung. Die Batteriekästen werden durch ein elektrisches Gebläse nach außenbords entlüftet, obwohl nur Gel-Batterien eingebaut werden, die normalerweise nicht gasen. Batteriekabel haben Querschnitte von 120 mm^2, um nur ein paar Beispiele anzuführen.

Besonders beeindruckt war ich auch, als mir Simon Hughes, der Verkaufsmanager, die umfangreichen Handbücher, die jeder Eigner in doppelter Ausführung bekommt, zeigte. In mehreren Ordnern ist jeder Schaltplan, jede Wasser-, Gas- oder Treibstoff-Installation exakt aufgeführt. „Zusätzlich machen wir von jedem Detail und jedem Bauabschnitt genaue Fotos. Wenn uns ein Eigner irgendwann von irgendwo in der Welt mit einem Problem anruft, wissen wir genau, wie es in jedem Winkel seiner Yacht aussieht", fügte Simon hinzu und zeigte mir einige Ordner mit hunderten von Fotos, alle für nur eine einzige Yacht.

Die Trintella 42 mit Roll-groß und Selbstwendefock.

Die 47 profitiert bei leichten Winden von einer großen Genua.

Technische Details

Trintella Shipyard
Ertveldweg 3
5231 XA-'s-Hertogenbosch
Holland
www.trintella.nl

TRINTELLA 42

Design: Ron Holland

Konstruktion: SCRIMP Vakuuminfusion, Vinylester, Glas/Kevlar, Balsa-Sandwich

LOA:	12,80	m
LWL:	10,95	m
Breite:	4,20	m
Tiefgang:	1,80	m
Verdrängung:	13,50	t
Ballast:	5,50	t
Segelfläche:	95,1	m^2
Motor:	38KW	Yanmar
Diesel	450	Liter
Wasser:	450	Liter
Verdr./ LWL:	286	
Segelfläche/Verdr.:	17,1	
Ballastverhältnis:	41	%
Preis:	479.000	€

TRINTELLA 47

Design: Ron Holland

Konstruktion: SCRIMP Vakuuminfusion, Vinylester, Glas/Kevlar, Balsa-Sandwich

LOA:	14,40	m
LWL:	11,53	m
Breite:	4,51	m
Tiefgang:	1,95	m
Verdrängung:	16,00	t
Ballast:	5,50	t
Segelfläche:	95,7	m^2
Motor:	46KW Yanmar	Turbodiesel
Diesel:	600	Liter
Wasser:	600	Liter
Verdr./LWL:	291	
Segelfläche/Verdr.:	15,3	
Ballastverhältnis:	34	%
Preis:	770.000	€

Weitere Modelle (in Aluminium): Trintella 51, 54, 58, 59, 65, 82

Für den einen bedeutet eine Segelyacht auf dem Meer grenzenlose Freiheit, für den nächsten kann sie ein übelkeiterregendes Gefängnis inmitten einer Wasserwüste sein. Was für intensive Hochgefühle sorgen kann, kann durchaus auch Mordgelüste wecken. Auch wenn es nicht gleich so extrem sein sollte, ist die Begeisterung an einem Segelabenteuer zumeist ungleichmäßig unter der Besatzung verteilt. Leider ist es nicht selten der Mann, der weitersegeln will und die Frau, die umkehren oder erst gar nicht mitkommen möchte. Dann greift Mann zu Überredungskünsten und ringt mit dem eigenen schlechten Gewissen, wenn später nicht alles so einfach und romantisch gelingt wie vorausgesagt. Glücklich ist, wer darunter nicht leidet. Ich musste schon mal lernen, dass bei Damen, die keine Segel-Fanatiker sind, das beste Rezept ein teures ist: Eine gepflegte, teure Luxusyacht ist dann der einzig entscheidende Unterschied zwischen Mitleid, Kopfschmerz und klammer Missgunst oder deren wunderbarem Gegenteil.

Die zwei Cockpits der Trintella Yachten sind durch ein Brückendeck getrennt.

Walsteds

Walsteds baut Carolina IV, eine klassische, aber modern ausgerüstete 46 Fuß Fahrtenyacht nach einem Entwurf von Sparkman & Stephens.

Bei manchen Werften - oder anderen Betrieben - spürt man schon beim Betreten des Büros oder beim ersten Gespräch, ja vielleicht sogar schon bei einem ersten Telefonkontakt, dass hier alles funktionieren wird, dass man sich hier auf die Leute verlassen kann. Man spürt Ordnung und Kompetenz, ehrliche und klare Gedanken. Ist man objektiv oder folgt man nur eigenem Wunschdenken? Man ist beruhigt und fühlt sich gut aufgehoben. Man will ja den Betrieb auch loben, sogar bewundern und verteidigen können, dem man als Kunde für eine neue Segelyacht schließlich viel Geld zahlen wird. Man spürt, dass Berufung und persönliches Engagement hier wichtiger sind als das rein wirtschaftliche Kalkül. Die Firma ist am Kunden wirklich interessiert, schließlich wird eine neu gebaute Yacht Werft und Kunden auf Jahrzehnte verbinden. Gibt es solche fast familiären Einstellungen nur bei kleinen Betrieben? Ich weiß es nicht. Zu den wenigen Werften jedenfalls, bei denen ich mir auch beim besten Willen keinen unzufriedenen Kunden vorstellen kann, gehört die Walsteds Werft auf Thurø, Dänemark.

Schiffbau auf Thurø 1910. Vor dem Beplanken erkennt man die extrem engen Abstände der massiven, gedoppelten Spanten. Rechts ist ein Schiff für Wartungs- oder Reparaturarbeiten kielgeholt. Heute steht die Walsteds-Werft auf diesem Gelände.

Oft findet man noch heute die besten Handwerksbetriebe im Yachtbau - wie Rudimente - in Gegenden, die früher Zentren des Schiffbaus waren. An den Stränden der kleinen dänischen Insel Thurø zum Beispiel konnte man in der zweiten Hälfte des 19. Jahrhunderts überall die Spantgerippe großer Schooner in den freien Himmel wachsen sehen und ein Wald von Masten der neu aufgeriggten oder zur Reparatur kielgeholten Schiffe bot einen ständig wechselnden Ausblick. Über 20 Werften waren auf Thurø und im nahen Svendborg angesiedelt und eine ganze Flotte dieser 'Thurinere'-Schooner pflegte hier regelmäßig zu überwintern. Jetzt befindet sich an demselben Ufer die kleine, aber international sehr renommierte Werft Walsteds.

Traditioneller Holzbootsbau bei Walsteds. Auch dieser Rumpf steht kurz vor dem Beplanken.

Es wäre eine romantische, nicht wirklich zutreffende Behauptung, dass hier noch das Geschick der Dexel-schwingenden Schiffszimmerer und Bootsbauer vergangener Zeiten weiterlebt. Sicherlich, gerade Walsteds ist für ausgesprochen hohe Handwerkskunst bekannt, aber hat sich nicht alles entwickelt, verändert, und haben wir nicht auch hier - wie in so vielen Bereichen - fließende Übergänge? Was genau ist denn handwerkliche Fertigung und was ist nicht-handwerklich? Als zum ersten Mal Maschinen wie Kreissäge, Dickenhobel und Abrichter aufkamen oder später als Elektro-Handwerkzeuge eingeführt wurden, war das vielleicht ähnlich wie für uns heute die Einführung einer CNC-Maschine, bei der wir sagen: da musst du doch handwerklich nichts mehr können! Und da auf neue Errungenschaften in der Regel nicht verzichtet wird, entwickelt sich auch die 'traditionelle' Holzbauweise seit jeher weiter. Eine geplankte Yacht mit gewachsenen, gebauten oder gedämpften Spanten gilt uns als traditionell. Ein lamellierter Steven? Ja, auch noch. Lamellierte Spanten oder Decksbalken? Sind auch o.k. Sperrholz unter einem Teakdeck oder als Schott? Na ja, schon bald müsste ich eben doch eine Grenze ziehen. Bei einem formverleimten oder in moderner Leistenbauweise entstandenen Rumpf spreche ich jedenfalls nicht mehr von einem Holzboot. Es mag aussehen wie Holz, es ist aber etwas ganz anderes: Holz-Epoxi! So gesehen wurde die letzte echte Holzyacht bei Walsteds 1977 gebaut. Es war die 52 Fuß Sparkman & Stephens Yawl *'Kay'*, die zweimal gebaut wurde und über die Rod Stephens damals sagte, sie repräsentiere den „zur Zeit besten Holzbootsbau der Welt".

Schon seit 1956 hatte Walsteds in den USA einen herausragenden Ruf für Qualität genossen. Der für seine Doppelender bekannte Designer Aage Nielson vermittelte die ersten Aufträge aus Übersee, darunter auch den Bau der bekannten Yacht *'Holger Danske'*, einer 43 Fuß Ketsch. Die Zusammenarbeit mit S&S begann dann 1962 mit der 52 Fuß Yawl *'Giralda'* für das spanische Königshaus und sie währt bis heute mit den zur Zeit im Bau befindlichen, hier vorgestellten 46 Fuß Yachten.

Doch alles nahm seinen Anfang 1949, als Aage Walsted mit zwei Angestellten eine eigene Werft gründete. Er hatte als bereits gelernter Tischler eine zweite Lehre zum Bootsbauer bei Henry Rasmussen absolviert. Rasmussen war Däne, und nach seiner 50 jährigen Partnerschaft in der berühmten Abeking & Rasmussen Werft in Lemwerder bei Bremen betrieb er wieder eine eigene Werft in Svendborg. Hier also lernte Aage Walsted die feine Kunst des Bootsbaus und die Bedeutung von 'Yachtfinish'. In den nächsten Jahren baute Walsted hauptsächlich Dingis sowie einige Drachen und 5,5 m Boote, bis es zu größeren und internationalen Aufträgen kam. Den Erfolg brachte von Beginn an und bis heute Walsteds schlichtes Motto: beste Qualität. Dabei ist hier allen jede Art von Anpreisen und Prahlerei fremd, ja sie scheint den Menschen, im besonderen dem heute 80 jährigen Aage Walsted, fast körperlich zuwider. Überzeugt wird skandinavisch: im Stillen und durch Taten. Fragt man, worin die Bauqualität genau besteht, erfährt man zum Beispiel, dass es auf einer Walsteds-Yacht auch in den hintersten Ecken und Winkeln, die man nur noch mit einem kleinen Spiegel überhaupt einsehen kann, niemals eine Schlamperei zu entdecken gibt und sei es auch nur die kleinste Kleinigkeit. Doch leichter wird man sich an den wunderschönen und offensichtlicheren Holzarbeiten erfreuen können. Sie sind es, weswegen man zu Walsteds kommt. Holz ist doch das einzig natürliche Material beim Bau einer Yacht, eine gestorbene und damit ehemals lebende Materie aus organischen Zellen mit Dingen wie Erbinformationen - im Gegensatz zu Metall oder GFK. Und wenn ein solches natürliches Material in eine neue künstliche, aber sinnvolle Form gebracht wird, dann gefällt uns das einfach instinktiv. Sehen wir einmal von den äußeren Proportionen ab, gefallen uns doch vor allem die komplizierten, kunstvollen Verbindungen der Einzelteile. Betrachten wir eine Gräting: Die Form dieses Gitters ist simpel und selbst nicht weiter aufregend. Bei einer Gräting aus Aluminium würde niemand auf den Gedanken kommen, sie schön zu finden. Aus Holz jedoch ist sie ein Schmuckstück. Genauer betrachtet, denke ich, gefällt sie uns aber an genau den Punkten am besten, wo sich die einzelnen Streben kreuzen oder in den Rahmen übergehen; dort, wo das natürliche Material neu nebeneinander, über- und ineinanderliegt. Hier ist es gerade die Perfektion und das Können des Handwerkers, die ein solches Stück zu Kunstwerk - im wörtlichen Sinn - werden lassen.

Als Naturmaterial kunstvoll in neue Formen gebracht gibt es für die Anziehungskraft von Holz auf einer Yacht keinen Vergleich.

Walsteds beschäftigt heute etwa 40 Mitarbeiter, darunter viele schon seit Jahrzehnten. Sonja und Thorvald Walsted leiten die Werft in der zweiten Generation, doch sieht man Aage Walsted noch täglich in seiner Arbeitskleidung. In den ineinander gewachsenen Hallen, in denen man sich verlaufen könnte, findet man Metallwerkstätten für alle Arten von Beschlägen, Abteilungen der Elektrotechniker und

Das 12 mm starke Teakdeck wird auf Sperrholz verklebt. Unter einer später bündig abschließenden Vorschiffsluke erkennt man die vielen Längsstringer.

Bau des Rumpfes der Carolina IV. Man erkennt Mallen, Spanten und Schotte.

Zum Schluss der Beplankung muss der letzte Gang von außen angepresst werden, da man keine Zwingen mehr ansetzten kann.

Die Rumpfschale wird abgehoben. Mallen bleiben draußen, Spanten und Schotte drinnen.

Der Rumpf ist gedreht und der Ausbau in vollem Gang.

Klassische Yawls am Anlieger vor der Werft. Die hervorragende Qualität führte bereits seit den 50er Jahren zu zahlreichen Aufträgen aus Übersee.

Installateure für anspruchsvolle Yacht-Systeme sowie alle Maschinen und Vorrichtungen bis zur Dämpfbox - ein echtes Handwerks-Paradies. Auf den sich daran anschließenden Winterlagerplätzen ragt zwischen vielen imposanten Yachten die elegante *'AR'* heraus, Henry Rasmussens ehemals eigener 125m² Seefahrtskreuzer. Natürlich gab es in den fünf Jahrzehnten seit der Gründung auch Durststrecken zu überbrücken, gerade in den 80er Jahren, als man sich auf den Ausbau von GFK und Aluminium-Yachten beschränken musste. Doch vielleicht war es auch das Glück der Werft, wegen Umweltschutzgesetzen keine GFK-Produktion auf Thurø starten zu dürfen. Man blieb dem Holz treu und genießt heute einen ausgezeichneten Ruf für Restaurationen klassischer Yachten, dazu gehören bekannte filigrane 12-m-R Yachten genauso wie der über 120 Jahre alte massige Zoll-Kutter *'Kong Bele'*. Solche Restaurationen stellen zwar ganz eigene Anforderungen, doch bewahren sie nicht nur die Yachten, sondern auch so manche traditionelle Holzarbeit vor dem Aussterben.

Die aktuellen Neubauten bilden eine kleine Ausnahme unter den hier vorgestellten Yachten, insofern sie, während ich dies schreibe, noch nicht fertiggestellt sind; so müssen die Illustrationen von S&S einen Eindruck vermitteln. Es ist schön zu sehen, dass Sparkman&Stephens bzw. der heutige Chefdesigner Bruce Johnson nicht nur im Super- und Megayachtbereich arbeiten. Die beiden neuen 46 Fuß Segelyachten haben einen identischen Rumpf, aber unterschiedliche Decks. Auftraggeber sind zwei Schweden aus Stockholm, die, ohne etwas voneinander zu wissen, ihre ebenso ähnlichen wie anspruchsvollen Wunschvorstellungen zu S&S trugen. Und gewünscht war mal wieder eine klassische Erscheinung über einem modernen Unterwasserschiff, ein Deck mit viel edlem

Holz und hohen Doradelüftern und dazu ein Kohlefasermast mit Rodrigging. Warum auch nicht das Beste aus zwei Welten verbinden? Und so werden diese Yachten auch in Holz-Epoxi gebaut, eine sehr effektive Methode für Einzelbauten. Der Unterschied zu einer echten Holzyacht besteht darin, dass alles mit Epoxiharz verklebt und versiegelt ist. Massives Holz, wie zum Beispiel die starken Planken einer Holzyacht, kann man oder sollte man besser nicht miteinander verkleben, da Holz immer 'arbeitet', sich also mit Temperatur, Feuchtigkeit und Alter ausdehnt bzw. schrumpft und so eine Verklebung oder die Planken selbst dadurch aufreißen können. Bei der Holz-Epoxi-Methode, auch moderner Holzbau genannt, verwendet man deshalb nur dünne Furniere und Leisten mit kleinem Querschnitt. Die Rümpfe der beiden S&S Slups bestehen somit aus verleimten Zedernleisten mit drei Lagen Mahagonifurnier von je 4,7 mm Stärke an der Außenseite, versteift mit eingeklebten Längsstringern und lamellierten Spanten sowie Decksbalken aus Zeder, die allerdings mit anderen hochwertigen Holzleimen hergestellt werden. Solche in ihrer Form verleimten Elemente sind deshalb wesentlich stärker als aus massivem Holz geschnittene, da bei ihnen die Fasern des Holzes immer genau der Form folgen. Der Holzkiel, an den der Ballast gebolzt wird, besteht aus Iroko, einem tropischen Hartholz, die Seitenflächen des Aufbaus sind aus massivem Mahagoni. Das Teakdeck ist auf Sperrholz verlegt. Formverleimte Rümpfe sollten - meiner bescheidenen, persönlichen Meinung nach - farbig lackiert werden; doch wer den Holz-Look mag, kann sie auch klar versiegeln lassen. Selbstverständlich sollte dann aber immer die Maserung des äußersten Furniers in Längsrichtung verlaufen. Ein Holz-Epoxi-Rumpf hat viele Vorteile: Er ist absolut pflegeleicht und er kann weder rosten noch Osmose bekommen. Richtig dimensioniert ist er sehr stark und auch meist leicht zu reparieren. Diese Baumethode ist ideal, im besonderen auch für Amateur-Bootsbau, da der gesamte Rumpf aus lauter relativ kleinen und leichten Teilen besteht und man fast keine Maschinen benötigt. Dabei sollten Amateure gewarnt sein, der Versuch, die Bauqualität der Walsteds Werft nachzumachen, dürfte zu tiefgehenden Frustrationen führen. Die größte Gefahr, die einem Holz-Epoxi Boot im Allgemeinen droht, sind undichte Stellen in der Versiegelung, die lange unentdeckt bleiben, eine kleine Verschraubung zum Beispiel oder ein winziger Riss bei einer Verbindung, meistens an der Innenseite. Hier könnte Wasser eindringen, und es könnte Rott entstehen. Ansonsten muss ein formverleimter Rumpf als äußerst langlebig gelten. Und natürlich hat er mit innen sichtbaren Decksbalken und Spanten viel vom Aussehen und der Atmosphäre einer traditionellen Holzyacht. Sorgsam ausgerüstet mit Generator, hydraulisch ausfahrbarem Bugstrahlruder, Diesel-Zentralheizung sowie einem Kaminofen, elektrischen Winschen, Rollgroß und Entsalzungsanlage sollte es dann an Annehmlichkeiten und Komfort auf großer Fahrt weder über noch unter Deck fehlen.

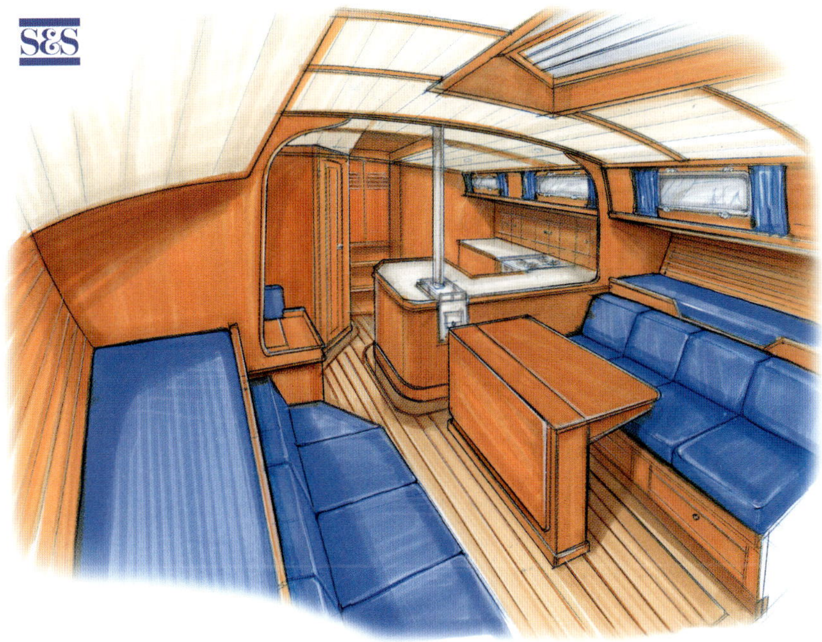

So präsentiert Sparkman & Stephens den Innenraum der Carolina IV. Das klassische Skylight bietet immer noch die schönste Lösung, zusätzlich Licht und Luft in den Salon zu lassen.

Technische Details

Walsteds Baadevaerft
Thurø
DK-5700 Svendborg
Dänemark
www.walsted.dk

WALSTEDS / S&S 46 Fuß Cruising Yacht 'Carolina IV'

Design: Sparkman&Stephens Inc.

Konstruktion: Holz-Epoxi

LOA:	14,00 m
LWL:	10,40 m
Breite:	3,97 m
Tiefgang:	1,9 m
Verdrängung:	12,25 t
Ballast:	4,08 t
Segelfläche:	97,9 m^2
Motor:	55 KW Yanmar
Diesel:	360 Liter
Wasser:	245 Liter
Verdr./LWL:	304
Segelfläche/Verdr.:	18,7
Ballastverhältnis:	33,3 %
Preis:	auf Anfrage

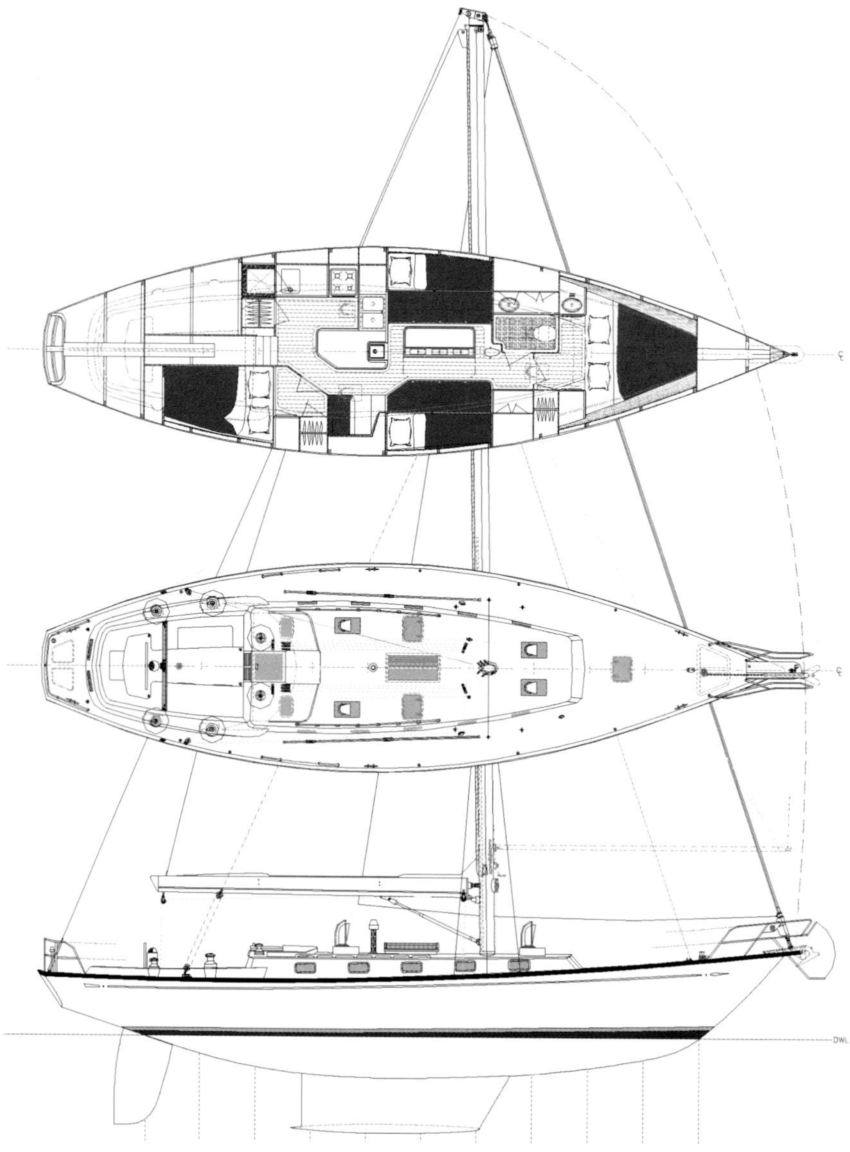

WALSTEDS / S&S 46 Fuß Cruising Yacht 'Jaka II'

Design: Sparkman&Stephens Inc.

Konstruktion: Holz-Epoxi

LOA:	14,00 m
LWL:	10,40 m
Breite:	3,97 m
Tiefgang:	2,4 m
Verdrängung:	11,12 t
Ballast:	4,54 t
Segelfläche:	100,23 m^2
Motor:	42 KW
Diesel:	360 Liter
Wasser:	245 Liter
Verdr./LWL:	276
Segelfläche/Verdr.:	20,5
Ballastverhältnis:	40,8 %
Preis:	auf Anfrage

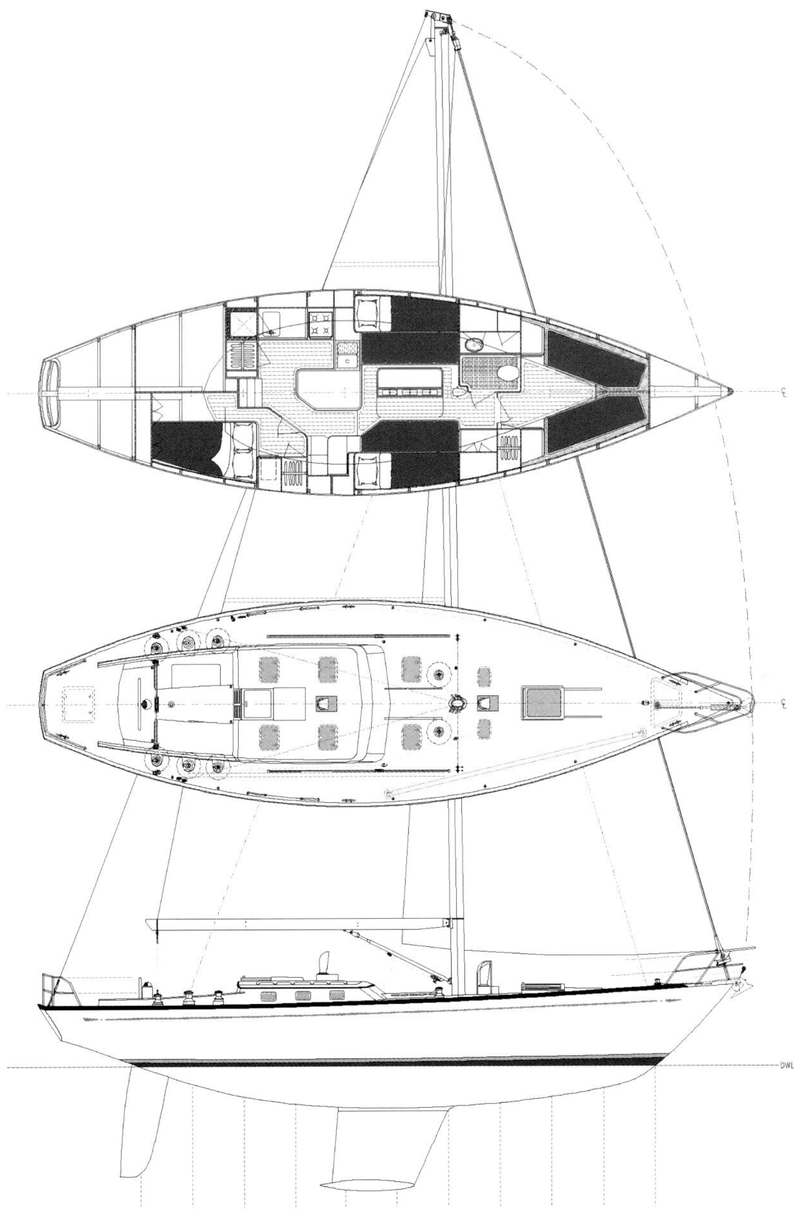

„Es ist eine tief befriedigende Erfahrung, ein so magisch-faszinierendes Objekt wie eine Segelyacht ausdrüklich und nur für sich selbst verwirklichen zu lassen... Die zusätzlichen Kosten - über die Jahre gerechnet - können leicht geringer ausfallen als all die dazugewonnene Freude, wie sie nur die 'perfekte' Yacht gewähren kann."

(Arthur Beiser, The Proper Yacht, 2nd Edition, Camden, Maine 1978)

Jaka II hat dieselben Rumpflinien aber ein Flush-Deck, größeren Tiefgang und mehr Segelfläche. Ganz wie es den Wünschen des zweiten Auftraggebers einer Walsted 46 entspricht.

Westernman

„Und jetzt kommen wir zum Bristol Channel, der Heimat einiger der weltweit besten 'fore and after' Boote, der berühmten Lotsenkutter. Aus drei Gründen haben diese Lotsenkutter wahrscheinlich keine Rivalen unter den Seglern - in keinem Land oder Hafen. Jene drei Vorzüge sind ihre charakteristische Geschwindigkeit, ihre Seetüchtigkeit und ihre leichte Handhabung. Deshalb stellt dieser Typ des Kutters eines der solidesten Modelle für den modernen 'Yachtsman' dar, wenn er ein gutes Boot von mittlerer Größe sucht. Ich selbst habe diese wunderbaren Boote in überfüllten Häfen mit der Leichtigkeit eines kleinen 'Flitzers' manövrieren sehen. Und doch sind sie konstruiert, auch dem schlimmsten Wetter zu trotzen."
(E. Keble Chatterton, Fore and Aft, London 1912)

Der Tradition verpflichtet. Bekleedete Wanten werden über Jungfern-Taljen dichtgesetzt.

Um keines der traditionellen englischen Arbeitsboote ranken sich so viele Legenden wie um den Bristol Channel Pilot Cutter. In Großbritannien war es üblich, die sich unterschiedlich herausbildenden Bootstypen nach ihren Heimatregionen und -orten zu nennen. Die Lotsenkutter aus dem Kanal von Bristol sind dafür das berühmteste Beispiel. Ihre Aufgabe war es, einen Lotsen zu den einlaufenden Schiffen hinauszubringen oder bei einem auslaufenden Schiff den Lotsen weit draußen wieder aufzunehmen. Der Bristol Kanal ist oft nebelverhangen, und mit bis zu 12 Metern Tidenhub und entsprechenden Gezeitenströmen zählt er nicht zu den harmlosesten Revieren. In diesem sehr einträglichen Geschäft war die Schnelligkeit der Kutter entscheidend. 'Wer zuerst kommt, malt zuerst!' Die Kutter waren zwar Eigentum der Lotsen, die Männer aber, die für diese 'pilots' segelten, waren die 'Western-men'. Längsseitsgehen auf See ist gefährlich und oft ganz unmöglich, deshalb wechselte der Lotse meistens mit einem kleinen Beiboot über. Manchmal waren zwei einer dreiköpfigen Besatzung bereits als Lotsen auf Schiffe übergesetzt und ließen nur einen einzelnen Mann, eben den 'Westernman', an Bord des Kutters sowie ein leeres, driftendes Beiboot auf dem Wasser zurück. Er alleine musste also das Beiboot einsammeln und den Kutter in den Hafen zurückbringen! Hatte ich schon erwähnt, dass diese Geschichten hundert Jahre alt sind und wir von motorlosen Seglern sprechen?

Wer aber wünscht sich heute - bei all unseren Möglichkeiten - eine gaffelgetakelte Yacht nach solchem 'überholten' Vorbild? Nun, jeder, den die Legenden, der Mythos und die Romantik dieser 'Pilot Cutter' gepackt haben - das ist nicht schwer zu verstehen. Und was heißt 'überholt'? Im Gegenteil, eine gewisse sagenumwobene Überlegenheit gegenüber modernen Yachten schwingt ja heute immer in den Erzählungen und Anekdoten über 'Bristol Channel Pilot Cutter' und über die 'gute alte Zeit' mit. So wurde das Vorbild des Lotsenkutters schon in zahlreichen Nachbauten als Yacht aufgegriffen. Die in Kanada gebauten Westernman Kutter in 40 und 51 Fuß Länge aber gehören zu den vortrefflichsten und gelungensten Beispielen. Ihr Entwurf stammt von den englischen Yachtdesignern Nigel Irens und Ed Burnett. 1994/95 arbeitete Nigel Irens am ersten Westernman Design in 40 Fuß Länge und war froh, auf die Expertise Ed Burnetts zurückgreifen zu können. Obwohl Ed wesentlich jünger als Nigel ist, so ist doch er der Experte, wenn es um ein historisch richtiges Rigg und die korrekten Proportionen eines Gaffelseglers geht. Beide arbeiten nun seit acht Jahren in loser Partnerschaft zusammen. Sie ergänzen sich dabei vortrefflich. Nigel Irens,

Wunderschöne Glasprismen, grün oxidierte Bronze und ein Deck aus Kiefer.

Der 40 Fuß Westernman Kutter *'Chance'* in Rauschefahrt vor Antigua.

Auf der *'Chance'* wirkt auch unter Deck einfach alles äußerst solide.

Die Navigations-Ecke an Bord der *'Chance'*. Weiß gestrichene, echte Nut-und-Feder-Verbände bilden einen schönen Kontrast zu dunklem Holz.

Der Salon des ersten Westernman 40 mit Blick nach achtern. Aufteilung, Stil und Finish der Inneneinrichtung erfolgen bei Covey Island immer ganz nach Kundenwunsch.

Dieser Blick über das Deck lässt viele Details erkennen. So auch die Führung der Großschot, deren Schockdämpfung besonders bei nicht ganz geglückten Halsen wertvoll wird.

intuitiv, radikal und wie ein Bildhauer aus Rumpflinien eine Skulptur formend und Ed Burnett, der die technischen Ausführungen und die Umsetzung erarbeitet. Nigel Irens hat uns bereits mit den kleineren 'Roxane' und 'Romilly' Designs in Begeisterung versetzt. Dies sind innovative, aber traditionellen Werten folgende Boote von hinreißender, eigenständiger Ästhetik. Erstaunlicherweise kennen wir Irens aber ebenso als einen der wichtigsten Designer aus der anderen Welt der riesigen High Tech-Trimarane und -Katamarane. Gibt es zwischen diesen Welten überhaupt Gemeinsamkeiten für einen Designer, frage ich ihn? „Nein, es gibt eigentlich keine", antwortet Nigel, „außer dass alle meine Entwürfe immer die Ansprüche von Spezialisten oder Enthusiasten erfüllen. Wenn wir uns allerdings anschauen, wie wir heute auf einer Regattayacht die Großschot am Baum anschlagen - nämlich mit einer einfachen Schlinge um den Baum - so ist es wieder die gleiche, alte und simple Methode wie auf Traditionsseglern." Nigel selbst ist mittlerweile nach Frankreich umgezogen, welches die Trimaran-Regattaszene und das Extrem-Segeln dominiert. Zurück zu den Lotsenkuttern! In der kleinen Ortschaft Totnes im Südwesten Englands besuche ich nun Ed Burnett. Er ist sofort Feuer und Flamme, wenn es um die Lotsenkutter-Geschichte geht. „Im Gegensatz zu dem, was alle Leute sagen, gibt es überhaupt keinen einheitlichen Typ des Bristol Channel Pilot Cutter! Das einzige, was auf diesen Booten immer ähnlich gelöst war, das waren ihr Rigg und ihre Details. Die Rumpflinien aber waren völlig unterschiedlich, ja teilweise sogar konträr zueinander!" Ed zeigt mir sogleich am Computer einige der historischen Linienrisse, um seine Ausführungen zu verdeutlichen. „Tatsächlich gab es schon damals eine Menge Aufregung um diese Boote. Doch muss man wissen, dass es auch unter den Lotsen nur eine Handvoll Männer gab, die die wirklichen 'Macher und Könner' waren. Bei den Booten ging es nur um Geschwindigkeit, und jeder hatte dabei seine eigenen Ideen, und jeder ging zu einem anderen Bootsbauer. Die Werften lagen zwischen Nord Wales und Cornwall, hunderte Meilen ausein-

Kraftvoll stürmt *'Chance'* voran und gewinnt drei 1. Plätze in der Antigua Classic Yacht Regatta

ander. Die Kommunikation zwischen ihnen war gleich null. So entstanden auf der Suche nach Schnelligkeit diese extremen und total unterschiedlichen Segler fast wie Experimentalfahrzeuge. Nigel arbeitet ähnlich, manchmal ist auch er von einer völlig neuen Idee inspiriert... Auf jeden Fall kann man die Situation damals nicht mit heute vergleichen, wo du ein Frers- und ein Farr-Design kaum auseinanderhalten kannst. Damals konnte praktisch jedes Boot ein Pilot Cutter sein: Streich es schwarz an und stell einen Lotsen an Bord!"

Bei unseren Westernman Kuttern geht es aber, erklärt Ed weiter, um das Aussehen, die Eigenschaften und die Atmosphäre eines traditionellen Bootes. Für das richtige Aussehen kommt es dabei ganz entscheidend auf die Details und die Vertrautheit des Designers mit der prägnanten Ästhetik dieser Boote an. Zum Beispiel können Proportionen und Rundungen an einem Schanzkleid schon durch geringe Abweichungen alles ganz 'falsch' und popelig wirken lassen. Die Westernman Kutter, besonders die späteren der bis heute insgesamt fünf gebauten Modelle, wirken dagegen souverän und authentisch. Obwohl wahrlich nicht alle der alten Kutter schwere Verdränger waren, so wünschte der erste Eigner eines Westernman mit recht willkürlich festgelegten 20 Tonnen bei 40 Fuß Länge ein schon extremes Schwergewicht. Eine so schwere Yacht verhält sich natürlich ganz anders als ihre modernen Zeitgenossen. Da ist erstmal der lange Weg zu bedenken, den ein Westernman braucht, um aufzustoppen. Mit dem langen Klüverbaum als Waffe kann man in einer Marina dann schon mal unfreiwillig zu einem gefährlichen Rundumschlag ausholen! Auf See zeichnet einen schweren Kutter der Komfort seiner trägeren Bewegung aus. Da die Westernman aber Außenballast haben, während die alten Lotsenkutter immer Innenballast fuhren, reichen sie nicht an das sagenhaft weiche Seeverhalten ihrer Vorbilder heran. 1912 berichtet Chatterton in seinem Standardwerk von einem Lotsenkutter, der einen Sturm abwettert, ohne dass eine Streichholzschachtel auf dem polierten Salontisch ins Rutschen gerät... Westernman dagegen sind härter und haben im Ausgleich

Der große Westernman 51 hat ein Flush-Deck.

dafür ein höheres Segeltragevermögen - sie sind einfach 'more powerful'. Der Westernman 40 *'Chance'* gewann nicht zufällig drei erste Plätze in der Antigua Classic Yacht Regatta und dazu auch noch den Concours d'Elegance!
Mit einem Gaffelrigg zahlt man bei Amwind-Kursen natürlich seinen Tribut an die Vergangenheit. Der Wendewinkel liegt bei ca. 110°. Doch bietet das Segeln mit Fock, Klüver, Flieger und Toppsegel einen unvergleichlichen Reiz. Sind alle Segel getrimmt und von einer strammen Brise gebläht, ist der Anblick auch von Deck aus überwältigend. Der Mast ist hohl, aus verleimter Kiefer, und auf dem Westernman 40 durchgehend ein Stück anstelle des traditionelleren abgesetzten Toppmastes, wie wir ihn auf dem Wn51 sehen. Das starke Schanzkleid macht das Deck zu einer Arena. Hier möchte man sich aufhalten, je nach Wetter herumschreiten oder -turnen oder sich im Schutz dieses Schanzkleides ungesehen in die Sonne legen. Das traditionelle stehende Gut, das über Jungfern-Taljen dichtgesetzt wird, Mast, Spieren und Blöcke aus Holz, die gerade verlegten Deckplanken aus amerikanischer Kiefer mit wunderschönen Deckslichtern dazwischen, Bullaugen und jede Menge seemännisch grün oxidierte Bronze, all das und noch vieles mehr sorgt für eine einmalig romantische Atmosphäre. Auch unter Deck fühlt man das Gewicht dieser Yacht, einfach alles ist massiv. In der Galley der *'Chance'* wurden allein zwei Zentner Granit als Arbeitsflächen verbaut, und im Salon steht ein schmiedeeisener Ofen mit dickem Kamin.

Die Westernman Kutter werden exklusiv von der Werft Covey Island in Petite Riviere, südlich von Halifax in der kanadischen Provinz Neuschottland, gebaut. Covey Island Boatworks wurde 1979 gegründet. Bis heute entstanden hier 75 Boote und Yachten, 70 davon in Holz-Epoxi. John Steele ist Begründer und einer der fünf Direktoren der Werft, an der auch die meisten der 20 bis 26 Mitarbeiter Anteile besitzen. „Jeder der Bootsbauer und 'Shipwrights' hier ist überdurchschnittlich involviert und dadurch auch engagiert", erklärt John. Die Westernman Kutter entstehen in Leistenbauweise, doch haben sie lamellierte Spanten im Abstand von nur 40 cm über die gesamte Rumpflänge. John Steele ist selbst Eigner des bekannten historischen Kutters *'Marguerite T'* und erklärt weiter: „Die Westernman sind aus einem traditionellen Design entwickelt, und natürlich sollen sie auch unter Deck das unvergleichliche Gefühl und die Atmosphäre einer Holzyacht wiedergeben. Ohne sichtbare Spanten und Decksbalken geht das aber wirklich nicht! Außerdem wird durch den engen Spantabstand die Festigkeit der Rümpfe und damit die Sicherheit nochmals erhöht. Vergiss nicht, das hohe Gewicht stellt bei unseren Booten Qualität dar!" In der Werft sieht man noch, wie Mallen vom Schnürboden aus abgenommen werden, obwohl geplottete Mylarfolien auch hier kein Fremdwort sind. Die Mallen, reduziert auf das entsprechende Innenmaß, werden nun kieloben aufgestellt. Es folgen die Senten. Diese laufen wie provisorische Planken in einigem Abstand zueinander über die Mallen. Über die mit Folie gegen Festkleben geschützten Senten werden nun die Spanten mit Epoxi lamelliert. Sie sind die ersten Bestandteile des späteren Rumpfes. Die Spanten werden nochmals entfernt, von herausgequollenem Epoxi befreit und an den Innenkanten leicht gerundet, bevor sie wieder in ihre Positionen zurückgesetzt werden. Nun beginnt man mit der Leistenbeplankung aus Douglas Fir/Columbian Pine, einer nordamerikanischen Kiefernart. Man fängt am Schergang an, arbeitet also von unten nach oben. Gleichzeitig entfernt man die Mallen schrittweise, um an der Innenseite besser arbeiten und herausquellendes Epoxi gleich entfernen zu können. Bei dieser Leistenbauweise mit zahlreichen Spanten bringt man zum Schluss nur außen einen Überzug aus Glasfaser auf anstatt innen und außen. Covey Island verwendet allerdings nicht Glas-, sondern Xynole-Gewebe. Das sind Polypropylen-Fasern, die ein größeres Elastizitäts-Modul haben als Glasfasern. So kann diese ebenfalls mit Epoxi getränkte Schutzschicht besser mit dem Holz 'mitgehen'. Man sollte aber idealerweise auch einen solchen Rumpf in Leistenbauweise bei ca. 80°C tempern. Normales Epoxi hat einen Hitzeverformungswert von ungefähr 50°C, bei dem es weicher zu werden beginnt. 50°C kann auch ein

Der Bau eines Westernman 40 erfolgt kieloben über eng gesetzte Spanten. Wenn der Bereich des Freibords geplankt ist, so ist die Rumpfform ausreichend fixiert, um alle Mallen zu entfernen.

hell gestrichener Rumpf in den Tropen durchaus erreichen. Für die Festigkeit ist das bei einem Westernman zwar unerheblich, aber die Leisten würden sich durch die Schutzschicht hindurch sichtbar abdrücken. Ist das der Fall, so muss der Rumpf - nach diesem verspäteten 'Tempern durch die Sonne' - noch mal neu verspachtelt und lackiert werden. Dann sollte dieses Problem nicht mehr wiederkehren. Überall dort, wo Epoxi der Sonne ausgesetzt ist, muss es mit Farbe oder Klarlack überstrichen werden, da 'normales' Epoxi ansonsten vergilbt. Im Allgemeinen verlassen sich manche Werften beim Holz Epoxi Bootsbau auf die überlegene Klebekraft des Epoxiharzes und verfüllen Zwischenräume in Passungen oder in der Beplankung, die im traditionellen Holzbau natürlich undenkbar wären. Bei einem Westernmann 40 sind es insgesamt ca. 600 kg Epoxiharz, die alles zusammenhalten. Innen ist davon aber kaum etwas zu sehen. Durch den innen zusammen mit den Spanten weiß gestrichenen Rumpf, die massiven Holzknies und durch die echten Nut- und-Feder Schotte fühlt man sich in dem traditionellen, warmen Ambiente sehr geborgen.

Die Crew von Covey Island in Kanada vor einem unverkennbar 'englischen' Kutter: Westernman 51.

In mancher Hinsicht erfordert ein Traditionssegler mehr Verständnis, mehr seemännisches Können und auch mehr Körperkraft als eine moderne Segelyacht. Andererseits ist vieles auch einfacher. Ein Westernman ist kursstabiler und liegt sehr sicher beigedreht in der See. Bei allen Unterschieden, denke ich, wird auf einem Kutter wie dem Westernman schneller offenbar, ob ein Skipper ein Gefühl für Segel, Wind und Tauwerk hat oder nicht. Ein wenig Talent wird für das Setzen und Bergen des Toppsegels auf jeden Fall gebraucht. Man sollte auch bedenken, dass die Pinne des Westernman 40 manchmal nach einem kräftigen Arm verlangt. Kein Zweifel, das Boot ist ausbalanciert, doch wenn es mit 20 Tonnen in flotter Fahrt dahingeht, so muss ein beachtlich großes, nicht vorbalanciertes Ruder in die 'Strömung' hinausgedrückt werden. Der ein oder andere wird die Pinne dazu über eine kleine Talje bedienen oder auf der luvseitigen Winsch belegen, falls er sich nicht bereits für eine hydraulische Radsteuerung entschieden hat. $7^{1}/_{2}$ Knoten fühlen sich auf einem Westernman auch schon spektakulär und nach viel mehr an. Es ist ein ungebändigtes, kraftvolles Segelerlebnis, ein Gefühl, das unweigerlich auch alle an Bord ergreift. Das ist kein Boot, das über die Wellen hüpft, nein, ein 'Pilot Cutter' stürmt in sie hinein und schiebt sie tosend zur Seite.

Technische Details

Covey Island Boatworks
2 River Road Petite Riviere
Nova Scotia B0J 2P0
Canada
www.coveyisland.com

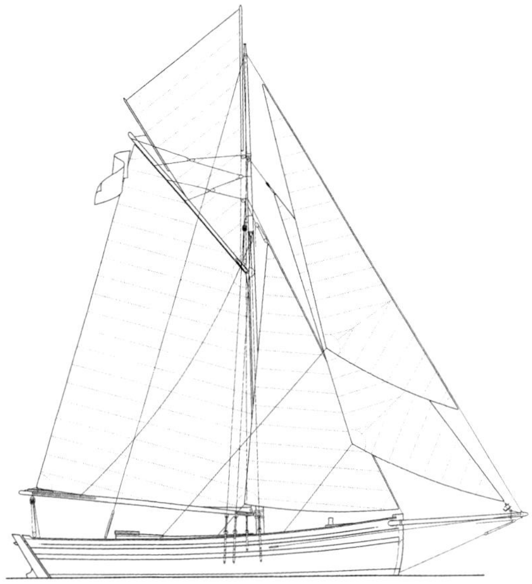

WESTERNMAN 40

Design: Nigel Irens, Ed Burnett

Konstruktion: Holz-Epoxi Leistenbauweise

LOA:	16,84 m
Länge über Deck:	12,34 m
LWL:	11,28 m
Breite:	3,84 m
Tiefgang:	1,98 m
Verdrängung:	19,96 t
Ballast:	9,53 t
Segelfläche:	118,5 m^2
Motor:	33 KW Lister Alpha
Diesel:	455 Liter
Wasser:	546 Liter
Verdr./LWL:	387
Segelfläche/Verdr.:	16,4
Ballastverhältnis:	47,7 %
Preis:	ca. 400.000 $ US

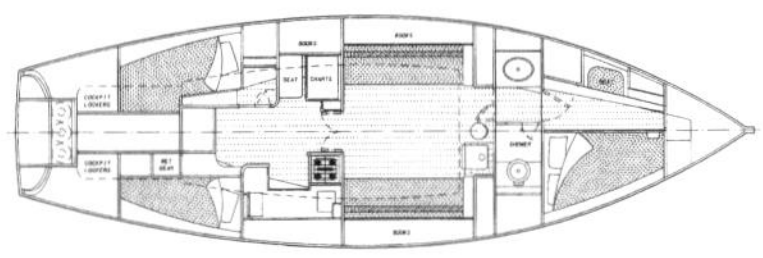

WESTERNMAN 51

Design: Nigel Irens, Ed Burnett

Konstruktion: Holz-Epoxi Leistenbauweise

LOA:	20,40 m
Länge über Deck:	15,65 m
LWL:	13,65 m
Breite:	4,27 m
Tiefgang:	2,36 m
Verdrängung:	30,16 t
Ballast:	12,93 t
Segelfläche:	152,5 m^2
Motor:	59 KW Perkins
Diesel:	682 Liter
Wasser:	818 Liter
Verdr./LWL:	333
Segelfläche/Verdr.:	16,0
Ballastverhältnis:	42,9 %
Preis:	ca. 550.000 $ US

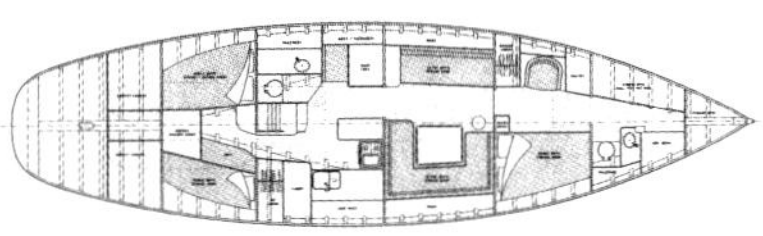

Wer den Ozean mit seinem wogenden Rhythmus unter Segeln kennen gelernt hat, kann ihn bei geschlossenen Augen immer vor sich sehen und die vertrauten Bewegungen, den Tanz seines Bootes zwischen den Wellen spüren: Die Yacht wird langsam von achtern angehoben und senkt dabei ihren Kopf. Sie wird schneller. Wenn der schäumende Wellenberg unter ihrem Kiel durch ist, bremst sie mit dem Bug auf dessen Rücken leicht taumelnd und trotz geblähter Segel ab, bis sie aus der Stille des Wellentals von der nächsten Woge angehoben wird. Immer wieder aufs Neue - immer wieder etwas anders - in dem doch immerfort gleichen Spiel der See.

GLOSSAR

Zusätzliche Erläuterungen zu einigen im Text verwendeten Bezeichnungen und Verfahren

Aramidfaser
Aramidfasern sind leichter als Glasfasern bei wesentlich höherer Festigkeit. Sie haben Markennamen wie z.B. Kevlar 49/29 oder Twaron. Nur mit Epoxi oder Vinylesterharzen zu laminieren, meist in Verbindung mit Glas- oder Kohlefaser. Die goldgelben Fasern können enorm hohe Kräfte, z.B. bei Kollisionen, absorbieren. Schlagzäh!

Ballastverhältnis
Es drückt aus, welchen Anteil der Ballast am Gesamtgewicht der Verdrängung hat.
Formel: Ballast x 100 : Verdrängung. Ergebnis in Prozent. Dabei wird weder der Hebelarm des Ballastes noch der Schwerpunkt der restlichen Struktur berücksichtigt. Das gleiche Gewicht eines Ballastes arbeitet natürlich bei einer tiefen Ballastbombe wesentlich effektiver als beispielsweise als Innenballast einer Schwertyacht. Die Beurteilung des Ballastverhältnisses muss also immer mit einem Augenmerk auf die allgemeine Konstruktion erfolgen.

Dexel
Zimmermannsbeil mit querstehender Klinge. Es war früher das Allroundwerkzeug der Schiffbauer, dessen rhythmischen und dabei relativ ermüdungsfreien Schlag man heute kaum noch hört.

Epoxi
Ein in der Regel lösungsmittelfreies, zweikomponentiges, flüssiges Laminierharz, das durch Polyaddition aushärtet. Für eine absolut perfekte Aushärtung müsste man (im Gegensatz zur Polymerisation) tatsächlich die Moleküle beider Komponenten (nicht ganz richtig als 'Harz und Härter' bezeichnet) abzählen, damit jedes sich vernetzt und keines ungebunden zurückbleibt. Man erkennt also, dass hier das exakt einzuhaltende Mischungsverhältnis für die Festigkeit ausschlaggebend ist. Alle mechanischen Eigenschaften sind besser als bei Polyester- oder Vinylesterharzen, besonders die hohe Bruchdehnung und die Klebekraft. Epoxi hat einen geringeren Schrumpf und bessere Beständigkeit in allen Bereichen. Nur sollten Konstruktionen aus Epoxi für bessere Hitzebeständigkeit (und noch weiter erhöhte Festigkeit) getempert werden. Osmose ist bei korrekter Verarbeitung auszuschließen. Auch unter den Epoxiharzen gibt es viele unterschiedlich hochwertige Qualitäten.

Faserverstärkungen
Im Bootsbau sind Glas-, Aramid- und Kohlefasern die zur Verstärkung üblichen Fasern. Sie liegen in unterschiedlichsten Formen vor, hier die drei wichtigsten. **1. Matte:** (nur bei Glas) kurze Glasfasern sind durcheinander zu einer Matte gebunden. Sehr geringe Festigkeit, sehr hoher Harzgehalt. Bei Polyester-Massivlaminaten benötigt man Matte zum Aufbau von Schichtstärke und wegen der geringen Klebekraft von Polyester (deshalb hoher Harzgehalt erwünscht). **2. Gewebe:** Fasern liegen wellenartig über- und untereinander verwebt vor. D.h. nicht optimale Aufnahme von Zugkräften und mehr Harz in den Zwischenräumen als bei **3. Gelege:** hier liegen die Fasern eng gepackt und parallel nebeneinander. Einlagig Unidirektionalgelege oder mehrlagig Multiaxialgelege. Höchste mechanische Werte, aber nur geringer Aufbau an Dicke.

Flare
engl., kein passendes deutsches Synonym. Flare bezeichnet **1.** eine konkave Form des Rumpfes über Wasser, **2.** eine starke Zunahme der Rumpfbreite von der Schwimmwasserlinie aufwärts.

Glasfasern
Geschmolzenes Glas wird durch Düsen zu superdünnen Fäden gezogen. In dieser Form ist das harte Glas erstaunlicherweise weich und biegsam. Im Bootsbau kommt in der Regel E- oder S-Glas zum Einsatz (es gibt auch noch A-C-D-L-R usw. Glas). **E-Glas:** Standardglas, das als erstes entwickelt und ursprünglich in der E wie Elektroindustrie verwendet wurde. Der Anteil des minderwertigeren Alkali liegt bei unter 1%. **S-Glas:** Silizium, Aluminium und Magnesium machen diese Qualität hochwertiger. Die besseren mechanischen Werte werden auch durch noch dünnere Glasfäden erreicht. Ca. 33 % mehr Zugfestigkeit als E-Glas.

Kohlefaser

oder Carbonfaser, sorgt für sehr leichte und dabei steife Bauteile. Wird nur mit Epoxi oder Vinylesterharz verarbeitet. Die werkstoffgerechte Einleitung von Kräften ist anspruchsvoll. Hat ca. dreimal so hohe Steifigkeit wie Glas, aber geringere Schlagfestigkeit. Mehrere unterschiedliche Qualitäten und Festigkeiten.

LOA

Länge über alles (over all) gibt die größte Länge der Yacht inklusive aller Anbauten an.

LWL

Länge der Wasserlinie, gibt die Länge des Rumpfes auf Höhe der Wasseroberfläche an. Die LWL ist ausdrucksstärker für die eigentliche Größe einer Yacht als die LOA, doch betrachtet man am besten beide Werte im Verhältnis zueinander.

Mallen

oder Hilfsspanten, sie dienen nur der Festlegung der Rumpfform während des Baus und werden danach entfernt.

Polyester

Lösungsmittel- (Styrol) haltiges, flüssiges Laminierharz. Es härtet in einer Kettenreaktion (Polymerisation) mit Hilfe eines Beschleunigers und nach Beigabe eines 'Katalysators' (Härter) aus, wobei sich lange, vernetzte Molekülketten bilden. Im Vergleich zu Vinylester oder Epoxi stellt Polyester in allen Bereichen die unterste Qualitätsstufe dar. Es ist durchweg unterlegen, so z.B. in: Klebekraft, Wasserbeständigkeit, Alterungsbeständigkeit und, sehr wichtig: Bruchdehnung. **Isophthalsäure-Polyester** ist allerdings wegen seiner engeren Vernetzung, besseren Chemikalienbeständigkeit und wegen geringerer Wasseraufnahme um ein Vielfaches höher zu bewerten als das 'normale', preisgünstige **Ortophthalsäure-Polyester.** Füllstoffe, Pigmente, Fließmittel und Verzögerer sind weitere Additive, die die Qualität stark beeinflussen.

Preis

Die angegebenen Preise der Yachten gelten für ein prinzipiell segelfertiges Boot (ohne Mwst.). Sie sollten aber nur als grobe Orientierung aufgefasst werden, denn zu unterschiedlich kann die Wahl bei Ausrüstung, Qualität der Segel oder Sonderwünschen ausfallen.

Segelfläche/Verdr.

Ein Verhältniswert ohne eigene Einheit. Er gibt an, wie viel Segelfläche zur Verfügung steht, um das Gewicht der Yacht, d.h. die Verdrängung, durchs Wasser vorwärts zu bewegen. Formel: SA : [(D : 64) hoch 0,67] SA ist Segelfläche in ft^2, D ist Verdrängung in Pfund. Je höher der Wert, desto weniger Wind benötigt die Yacht, um ihre max. Geschwindigkeit zu erreichen und desto höher ist auch ihr Beschleunigungsvermögen. Im Allgemeinen ist sie also schneller, je höher der Wert ist, doch ist mit zu bedenken, welche SA für die Berechnung zugrunde liegt. Eigentlich sollte nur 100% des Vorsegeldreiecks zählen, aber auch das ist nicht immer gerecht. Ein Vergleich mehrerer Boote ist umso fairer, je ähnlicher sie sich sind. Vorsicht auch beim Wert der Verdrängung, der selten einem realen Gewicht der Yacht in Segeltrimm entspricht. 'Vergessenes' Gewicht verschlechtert den Wert einer Leicht-Displacement-Yacht drastischer als den einer schweren Yacht.

SCRIMP

steht für 'Seemann Composites Resin Infusion Molding Process' und ist eine von Bill Seemann patentierte Methode des Vakuum-Infusions-Verfahrens, d.h.: trockene Faserverstärkungen liegen in einer Form und unter einer luftdichten Folie. Zuleitungen in Form von Schläuchen führen aus einem Fass mit flüssigem Harz (Polyester, Vinylester, Epoxi) unter die Vakuumfolie, und Ableitungen führen über Harzabscheider zu einer Vakuumpumpe. Durch den Unterdruck der Vakuumpumpe wird das Harz durch die Fasern gesogen und sie werden getränkt. Solche und ähnliche Methoden, Faserverstärkungen unter Verschluss und durch Vakuum zu tränken, existieren bereits seit den 40er Jahren! Schon 1950 kommt es zu ersten Patenten wie dem der Marco-Methode. Tatsächlich gibt es seitdem so viele ähnliche Methoden mit Abweichungen im Detail, dass es unterschiedliche Meinungen gibt, ob es sich bei SCRIMP überhaupt um eine neue, patentfähige Technik handelt. Sicher ist aber auch, dass sich das Prinzip zwar einfach anhört, es aber gerade bei großen, komplizierten Bauteilen auf die Detaillösungen ankommt. Das größte Problem ist, sicherzugehen, dass das Harz überall hinkommt und keine ungetränkten Bereiche übrigbleiben. Bei SCRIMP wird über die Fasern Peel-Ply gelegt, das ist ein dünnes chemisch behandeltes Gewebe, das Harz durchlässt und sich nach dem Aushärten leicht abtrennen lässt. Darüber liegen im Abstand von ca. 60 cm meterlange Metallspiralen von ca. 15 mm Durchmesser und darüber die durchsichtige Vakuumfolie. In die Spirale, die am tiefsten im Bauteil/Rumpf liegt, wird zuerst Harz über einen Schlauch geleitet. Da sich die Folie durch das Vakuum eng um die Metallspiralen legt, sind diese wie nach unten hin offene Schläuche. Man sieht nun, wie das Harz die Fasern tränkt und diese Front langsam wandert. Erreicht sie die nächste Spirale, so wird deren Harzzuleitung geöffnet und so wandert die Harzfront bis ans Ende des Bauteils. Sie ist dabei an der Oberfläche immer schon etwas weiter als an der Unterseite, je nachdem, wie dick das Laminat ist und ob es sich um eine Sandwichkonstruktion handelt oder nicht. Eine möglichst gleichmäßige und relativ hohe Durchlässigkeit der Faserverstärkungen und des Sandwichkerns ist besonders wichtig. Gibt es Bereiche oder Schichten mit geringerer Durchlässigkeit, so besteht die Gefahr, dass diese Bereiche trocken bleiben. Zwar entsteht durch die Vakuumtechnik ein weit verbessertes Harz/Faser-Verhältnis (d.h. möglichst wenig überschüssiges Harz), doch erreicht man auf Grund der benötigten Durchlässigkeit keine Maximalwerte. Ein entscheidender Vorteil von SCRIMP ist jedoch, dass ein gesamter Rumpf mit all seinen Versteifungen auf einmal getränkt wird und später nichts mehr anlaminiert werden muss. Es gibt also keine 'secondary bonds' und dadurch, dass das Vakuum die Luft schon vor dem Tränken aus dem Gewebe gesaugt hat, kommt es kaum noch zu den winzigen, kaum sichtbaren Luftbläschen und Einschlüssen, die die Festigkeit so sehr herabsetzen. Eines der wichtigsten Argumente für ein geschlossenes Laminierverfahren ist auch der Umweltschutz bzw. die Umweltschutzgesetze, die Werften zwingen, ihre Emissionen zu reduzieren. Im Vergleich zu offenen Laminiermethoden wie dem Handauflegeverfahren, gelangen bei SCRIMP nur ca. 5% der Lösungsmitteldämpfe in die Atmosphäre. Infusionsverfahren erfordern meist eine sehr lange, praktische Testphase. Sind aber alle Schwierigkeiten erst gemeistert, erzielt man bei größeren Stückzahlen eine sehr rationelle Fertigung und äußerst konstante Qualität.

Secondary bonds an ein bereits gehärtetes Laminat anlaminieren. Diese Verbindung fällt immer schwächer aus als das Anlaminieren an ein noch nasses Laminat.

SPRINT steht für 'SP Resin Infusion Technology', eine vielversprechende Neuentwicklung der englischen Firma SP Systems auf dem Gebiet hochwertiger Laminiertechnik. SPRINT muss mit Prepregs (s.a.'Baltic') verglichen werden. Bei einem Prepreg sind die Faserverstärkungen mit Epoxiharz vorimprägniert. Tiefe Temperaturen verhindern, dass sich das Harz zu stark verflüssigt bzw. aushärtet. Es ist unter Raumtemperatur nur beschränkte Zeit (einige Wochen) haltbar bzw. zu verarbeiten. Unter Vakuum müssen die Prepreg-Lagen ohne Lufteinschlüsse aneinandergepresst werden (nicht einfach), und unter Hitze beginnt dann die Härtung. Bei SPRINT liegt das fertig eingestellte Harz in Form einer Folie zwischen zwei noch trockenen Lagen Faserverstärkung. Ein Bauteil aus mehreren solcher SPRINT-Material-Lagen kann unter einer Vakuumfolie wesentlich leichter zusammengepresst werden, da die Luft durch die noch trockenen Fasern selbst entweichen kann. Bei einer Erhöhung der Temperatur beginnt sich dann der Harzfilm zu verflüssigen und sättigt die luftleeren Fasern. Bei weiterer Temperaturerhöhung (typisch 85°C) beginnt die Aushärtung. Von einer Infusion im herkömmlichen Sinn kann man dabei eigentlich kaum sprechen, da das Harz lediglich einen Weg von ca. 1 mm bis in die Fasern zurücklegen muss, wodurch viele Probleme der bisherigen Infusionstechnik eliminiert werden. Für hochwertige Composit-Bauteile ist die möglichst vollständige Vermeidung von kleinsten Lufteinschlüssen sowie die perfekt bemessene Harzmenge von ausschlaggebender Bedeutung. Das trockene SPRINT-Material hat zudem noch den Vorteil, sich besser als Prepregs in schwierige Formen drapieren zu lassen. Zusätzliche einzelne Harzfilme werden zur Verklebung von Sandwichkernen und an Oberflächen verwendet. Genau wie bei herkömmlichen Prepregs verhindert eine Lagerung bei tiefer Temperatur das Verflüssigen des Harzfilms und damit, im Fall von SPRINT, das vorzeitige Tränken der Fasern. Bei Raumtemperatur ist die Haltbarkeit von SPRINT-Material jedoch noch weiter verkürzt, da hier der Harzfilm bereits nach ca. fünf Tagen in die Fasern einzudringen beginnt. Epoxi, aber auch Polyester- und Vinylesterharze, können mit dem SPRINT-Verfahren zum Einsatz kommen. Bei den Fasern sind ebenfalls alle üblichen Materialien (Glas, Aramid, Kohlefaser) sowie Gewebe- bzw. Gelege-Formen möglich. Diese noch relativ neue Technik dürfte in Zukunft verbreitete Anwendung finden, da sie neben den erwähnten speziellen Vorteilen gegenüber herkömmlichen Prepregs vor allem den Arbeitsaufwand vereinfacht und verkürzt.

Verdrängung/LWL

Ein Verhältniswert ohne Einheit, der, grob gesagt, angibt wie schwer eine Yacht gebaut ist. Formel: $(D:2240):(0{,}01 \times LWL)^3$ D ist Verdrängung in Pfund, LWL ist Länge der Wasserlinie in Fuß. Mitbedacht werden sollte, ob es sich bei der LWL um einen extremen Wert handelt wie zum Beispiel bei einer Yacht mit sehr langen Überhängen. Lange Überhänge vergrößern den Wert, (s. z.B. Hinckley), während er bei einer modernen IMS Yacht oder z.B. einer 'Puffin' durch die hier sehr kurzen Überhänge abgeschwächt wird. Für den Wert der Verdrängung gilt das bei 'Segelfläche/Verdr.' bereits Gesagte. Zudem muss bei Vergleichen berücksichtigt werden, dass das Verdr./LWL Verhältnis bei kleineren Yachten grundsätzlich höher und bei größeren Yachten grundsätzlich geringer ausfällt.

Vinylester

Flüssiges, lösungsmittelhaltiges Laminierharz. Bessere mechanische Eigenschaften sowie vor allem bessere Chemikalienbeständigkeit und dadurch geringere Wasseraufnahme als alle Polyesterharze. Sehr geringes Osmoserisiko. Generell in der Qualität zwischen Polyester und Epoxi einzustufen.

Fotonachweis

Alden Yachts: Seite 9, 11, 12 ,13 ,14, 15, 17, 20

Alerion Express Newport R&D / Billy Black: Seite 21, 22, 23, 24, 25, 26, 28

Baltic Yachts: Titelfoto, Seite 29, 31, 32, 33, 34 unten, 35, 36 unten, 37, 38, 40

Farr Pilothouse Yachts / BSI International: Seite 41, 42, 43, 44, 45, 46, 47 oben, 48, 50

The Hinckley Company: Seite 51, 53, 54, 55, 56, 57, 58, 59, 62
Benjamin B. Hinckley Jr., The Hinckley Story, Dedham MA 1997: Seite 52

Hutting Yachts: Seite 63, 64, 65, 66, 67, 68, 69 oben, 71, 74

J Boats Inc. / Onne van der Waal: Seite 75, 76, 77, 78, 79 oben, 81, 82, 83, 86
Walter Cooper: Seite 79 unten

Yachtwerft Lütje: Seite 87, 89, 90, 91, 92, 93, 94, 96

Nautors Swan, The Nautor Group, Craigie Taylor Int.: Seite 97, 98, 99, 100, 101, 102 oben, 103, 104, 105, 106, 108
Keefe Kaplan Maritime Inc.: Seite 102 unten

Oyster Marine Ltd: Seite 109, 112, 113, 117, 120
Alan Brook: Seite 110
Alexis Andrews: Seite 111, 116
Malcolm White: Seite 115

Pacific Seacraft Corporation: Seite 121, 122, 123, 124, 125, 126, 127, 128, 129, 132

Puffin Yachts / Olivier F. van Meer: Seite 133, 134, 135, 136, 137 ,138 oben, 139, 142

Shannon Yachts: Seite 144, 145, 146, 147, 148 unten, 149, 150, 151, 154

Trintella Shipyard: Seite 155, 156, 157, 158, 159, 160 oben, 162, 164

Walsteds Baadevaerft: Seite 166, 170 Lars Braestrup: Seite 168, 169
Sparkman & Stephens Inc.: Seite 165, 171, 174

Westernman Covey Island Boatworks: Seite 179, 182, 183, 184
Tim Wright, www.photoaction.com: Seite 175, 177, 180, 181, 186

Egmont M. Friedl: Seite 10, 16, 30, 34 oben, 36 oben, 47 unten, 69 unten, 70, 80, 88, 114, 138 unten, 140 unten, 140 rechts, 143, 148 oben, 160 unten, 161, 167, 176, 178